Ueber
Landeigenthum,
seine
Erwerbung und Verbesserung,

von

Wilhelm Marshall.

Aus
dem Englischen übersetzt,
mit
einer, Vorrede und Einleitung,
betreffend
die Grundsätze der Bodenschätzung,
von
H. L. A. Grafen zu Dohna-Wundlacken.

Erste Abtheilung.

Mit Holzschnitten.

Berlin,
in der Realschulbuchhandlung.
1812.

Vorrede des Uebersetzers.

Wilhelm Marshall, eben der, welcher durch die sehr gelungenen landwirthschaftlichen Schilderungen mehrerer englischen Grafschaften rühmlichst bekannt ist, gab im Jahr 1804 ein Werk unter dem Titel: «Treatise on landed property» heraus, welches in England mit Beifall aufgenommen wurde. Er hat in den drei Abtheilungen dieses Werks, welche von der Erwerbung, der Verbesserung und der Bewirthschaftung der Ländereien handeln, die allgemeinen Resultate seiner scharfsinnigen Beobachtungen über diese Gegenstände niedergelegt; es läßt sich nicht verkennen, daß die Zusammenstellung originell und zweckmäßig, daß die einzelnen Ansichten treffend, und daß viele derselben neu sind. Im Jahr 1806, eben um die Zeit, als der Übersetzer nach einem Aufenthalt in Suffolk und Norfolk, bei welchem die Marshallschen Schriften benutzt worden waren, Gelegenheit hatte, die persönliche Bekanntschaft des Verfassers zu London zu machen, gab dieser unter dem Titel; «On the Management of landed estates: a general work for the use of professional men:» einen Auszug aus dem oben genannten Werk heraus. Dieser Auszug ist jedoch, wenn man einige darin weggelassene, zunächst für englische große Grundbesitzer, aber nicht in gleichem Grade allgemein interessante Bemerkungen ausnimmt, blos als eine Oktavausgabe des früher in Quart erschienenen Buches zu betrachten. Der Übersetzer hat daher, ungeachtet er der Octavausgabe gefolgt ist, es vorgezogen, den dem Ganzen angemessenern Titel der Quartausgabe beizubehalten. Es hat ihm geschienen, daß vorzüglich das erste Hauptstück, und der erste Abschnitt des zweiten, das deutsche Publikum unabgekürzt interessiren könnten, und er ist gesonnen, wenn man dieser

Abtheilung des Werks Beifall schenken sollte, späterhin auch die übrigen Abschnitte der zweiten Abtheilung, theils vollständig, theils mit Auslassung einiger Stellen von weniger allgemeinem als localem Interesse, in einem zweiten Bande mitzutheilen.

Die Übersetzung wurde, so weit sie vorliegt, noch am Ende des Jahres 1806 beendigt, und deshalb vorerst nicht weiter fortgesetzt, weil eben dieser Theil des Werks in einem für sich abgeschlossenen Zusammenhange steht. Es gehört nämlich die Lehre von der Entwässerung des Bodens, in einem gewissen Sinne mit zu der Abhandlung über die Erwerbung des Landeigenthums, weil jene die Mittel an die Hand giebt, Ländereien der Gewalt des Wassers abzugewinnen; insbesondere aber wird der Zusammenhang durch den gemeinschaftlichen Gesichtspunkt — die Theorie der Werthschätzung des Landeigenthums — begründet, die den Hauptabschnitt der Abhandlung über dessen Erwerbung bildet, und in der Lehre von der Entwässerung der Ländereien, wegen der darin vorkommenden Betrachtung der Schichten und der Zusammensetzung des Bodens ihre sichersten Fundamente findet Dem Übersetzer, der in dieser Hinsicht sehr bald eine auffallende Übereinstimmung mit früher bei uns über die gedachte Theorie entwickelten Ansichten bemerkte, fehlte lange nachher die Muße, die zum nähern Erweise erforderlichen Untersuchungen und Vergleichungen anzustellen; er zögerte deshalb mit der Herausgabe der Übersezzung, um unter günstigern Umständen einige zu jenem Zweck führende Bemerkungen hinzufügen zu können. Mittlerweile erschien im Jahr 1810 der dritte Band des allgemein geschätzten Werks: Grundsätze der rationellen Landwirthſ. vom Hrn. Staatsrath Thaer. In diesem Bande ist bekanntlich die Lehre von der Abwässerung sehr befriedigend vorgetragen, und es kann nicht fehlen, daß eben deswegen nicht nur die Grundlinien der Darstellung mit denen eines andern Meisters übereinkommen müssen, sondern daß man auch im einzelnen, mehreres an jenem Ort gesagte, an diesem wiederfindet. Nichts desto weniger wird die nähere Vergleichung ergeben, daß in dem vorliegenden Werke, in so fern als darin speciell von der Entwässerung der Ländereien gehandelt wird, manche nähere und für den deutschen Praktiker anwendbare Entwickelung befindlich ist, und es wird vielleicht eben jetzt, da das Interesse auch für diesen Gegenstand durch den Herrn Staatsrath Thaer neu geweckt worden, die Bekanntmachung passend seyn. Neben dieser Rücksicht wurde der Übersetzer noch durch die, im dritten Stück des ersten Bandes der Thaerschen Annalen der Landwirthschaft, Jahrgang 1811, in dem Aufsatz über die Werthschätzung des Bodens befindliche, durch das Bedürfniß einer richtigen Schätzungsnorm bei der Theilung der Gemeinheiten und Aufhebung der Servitute, veranlaßte Aufforderung an alle Freunde des Vaterlandes und des Ackerbaues bewogen, mit der Herausgabe deshalb vorzugehen, weil sie ihm Gelegenheit giebt, in den unter dem Text der Übersezzung stehenden Anmerkungen zu Bearbeitung der interessanten Lehre von der Schätzung des Bodens seinen Beitrag zu liefern.

Der Übersetzer hat geglaubt, sich in diesen, durch eine fortlaufende Nummer von den Noten des Verfassers unterschiedenen Anmerkungen, möglichst kurz fassen zu müssen; zur Erleichterung der Übersicht ist wegen der häufigen Bezugnahmen auf eine in der 9ten Anmerkung befindliche Klassifikation der Bodenarten, dieserhalb am Schluß eine Tabelle angehängt worden, welche in allen den Fällen, wenn auf die 9te Anmerkung verwiesen wird, bequemer nachgesehen werden kann, und welche auch eine Zusammenstellung jener, die Klassifikation erläuternden Bezugnahmen enthält Eine umständlichere Anzeige des Inhalts der in den Anmerkungen berührten Instruction zu Veranschlagung der Vorwerke in den Domainen (im Jahr 1801 für die damaligen vier altpreußischen Departements gegeben), ist für den Zweck der Beurtheilung des hier behandelten Gegenstandes entbehrlich; überdies kennt man diese Instruction in den meisten Provinzen des preußischen Staats, und hat namentlich ihre Anleitungen über die Abschätzung des Bodens an und für sich, oder die Bonitirung, in Schlesien eben so anwendbar gefunden als in Preußen. Bei den auf die eigentliche Veranschlagung des Reinertrages oder die Taxation gerichteten Vorschriften, welche selbst bei Voraussetzung eines gleichen Klima's nicht allgemein gültig seyn können, weil sie eben so viel conventionelle und zufällige, als auf der Natur beruhende Grundlagen haben, waren nur wenige Modificationen (und zwar besonders in Beziehung auf Betriebvieh und Futterbedarf), nöthig. Die Möglichkeit dergleichen Vorschriften für größere, in Rücksicht der Lage und Wirthschaftsart gleichartige Distrikte dergestalt zu stellen, daß daraus auf einfachem Wege (durch Normalsätze), ein ziemlich richtiger Grundanschlag hergeleitet werden kann, ist schon durch die Erfahrung (in Preußen) erwiesen, und es läßt sich der Nutzen nicht verkennen, welcher sich aus einer fernern Ausbildung und allgemeinern Verbreitung dieser Methode, für das Verfahren bei Gemeinheitstheilungen, ergeben würde. In diesem Gesichtspunct verdient der vorhin erwähnte, in den Annalen der Landwirthschaft befindliche Aufsatz besonders die sorgfältigste Erwägung. Man wird auch darin ungemein viel Übereinstimmung mit einzelnen Theilen der vorliegenden Darstellung finden, die nur in so fern nicht zufällig ist, als es, wenn schon verschiedene Ansichten, doch nur eine

Wahrheit giebt, und die Verschiedenheit der Ansicht, da, wo sie eintritt, gewöhnlich nur auf der, oft unwillkürlich motivirten Bestimmung des Weges beruht, den man einschlug.

Es sey, um das Angeführte näher darzuthun, erlaubt, in der hier unmittelbar folgenden, eigentlich als ein Anhang des ersten Hauptstücks zu betrachtenden Einleitung, auf einige, jener in der That größtentheils nur scheinbaren Verschiedenheiten, und insbesondere auf die abweichenden Gesichtspunkte der preußischen und märkischen Methode der Bodenschätzung, aufmerksam zu machen, wozu der Raum in den, der Übersetzung beigefügten Anmerkungen fehlte. Dabei wird sich Gelegenheit finden, das Thema in einigen Beziehungen näher zu beleuchten, welches der Verfasser in dem ersten Hauptstück zum Theil nur summarisch behandelt hat, weil er zunächst für Praktiker schrieb, bei denen er vieles als bekannt voraussetzen zu dürfen glaubte.

Berlin im März 1812.

Einleitung zum ersten Hauptstück,

enthaltend:

Eine Vergleichung der für die Domainen von Ost- und Westpreußen geltenden Veranschlagungsgrundsätze mit den märkischen, in besonderer Beziehung auf die in dem ersten Hauptstück entwickelten Marshallschen Ansichten über die Werthschätzung von Landgütern, und auf einige, diesen Gegenstand betreffende Anmerkungen des Übersetzers.

Da die in der Vorrede gedachte, im dritten Stücke des ersten Bandes der Annalen der Landwirthschaft vom Jahr 1811 befindliche Abhandlung des Herrn Staatsraths Thaer, welche denjenigen, die sich für Werthschätzung des Bodens interessiren, nicht fremd bleiben darf, vorzüglich von dem Gesichtspunkt der märkischen Bonitirungsgrundsätze ausgeht, und diese auch da wo sie ergänzt werden, vollständin schildert, so kann die beabsichtigte Vergleichung am zweckmäßigsten mit einer Bezugnahme auf jenen Aufsatz erfolgen. Doch wird es, um Weitläuftigkeit und Wiederholung desjenige, was jener Aufsatz schon enthält, zu vermeiden, angemessen seyn, blos die Punkte umständlich auszuheben, bei welchen Abweichungen vorkommen, und die übrigen nur kurz zu berühren. Um aber denen, welche die erwähnte Abhandlung aus den Annalen der L. mit den nachfolgenden Bemerkungen zusammen halten wollen, die Vergleichung zu erleichtern, wird weiter unten die Reihefolge der §. §. jenes Aufsatzes beobachtet, und von den Stellen, worin man die nähere Ausführung desjenigen findet was ausgehoben worden ist, überall Nachricht gegeben.

Zunächst wird noch über die Tendenz und die Anordnung des in Rede stehenden Aufsatzes einiges voranzuschicken seyn, um den Gesichtspunkt näher anzugeben. Vorschläge zu einer Gemeinheitstheilungsordnung enthielten die Bestimmung, daß Kreisverordnete die Bonitirungsgrundsätze für jeden Kreis ausmitteln sollten. Durch die Abhandlung über die Schätzung des Bodens, wurde eine Vorarbeit für diesen Zweck beabsichtiget.

Sie beginnt daher mit einer Schilderung von der Wichtigkeit der gedachten Lehre, und von dem Zustande, worin sie sich bisher befand. Sie geht dann über zu der Darstellung ihres Fundaments, der physischen Ertragsfähigkeit des Bodens, deren Ausmittelung die historische Erforschung beizugesellen ist. Sie unterscheidet hiernächst Bonitirung (Abschätzung des Naturalertrages) und Taxation (Veranschlagung des Reinertrages). Dann werden die in den märkischen Taxationsprincipien angenommenen 4 Bodenklassen (Weitzen-, Gerste-, Hafer-, dreijähriger Rockenboden, mit den bei jeder einzelnen vorkommenden Unterabtheilungen in starken und schwachen —) geschildert. Weiterhin wird ausgeführt, worauf bei der Bonitirung Rücksicht zu nehmen sey; z. B. auf die Consistenz des Bodens, welche vom Thon- und Sandverhältniß und von der Kalkbeimischung abhängt; auf die vom auflöslichen Moder abhängige Kraft u. s. w. (Vergl §. VIII.). Sodann wird von der Taxation des Ackerlandes gehandelt, — von der Ausmittelung des rohen Bodenertrages; von der Düngung, dem Stroherträge und wie nach diesem jene zu berechnen sey. Hierauf werden die Körnererträge der verschiedenen Bodenartenangegeben, (nämlich: bei dem starken Weitzenboden 10 Schffl. Weitzen und Gerste in der ersten und zweiten, 6 Schffl. Erbsen in der dritten, und 8 Schffl. W. u. G. in den beiden letzten Trachten; bei dem schwächern Weitzenboden 8 Schffl. in den ersten Jahren, — im dritten $4\frac{4}{5}$ Schffl. Erbsen; bei dem starken Gerstenboden 9 Schffl. (Roggen u. Gerste), in der ersten und zweiten, $5\frac{1}{5}$ Schffl. Erbsen in der dritten, und $7\frac{1}{2}$ Schffl. (R. u. G.) in den beiden letzten Trachten; bei dem schwachen Gerstenboden 7 Schffl. in der ersten und zweiten, $4\frac{1}{2}$ Schffl. Erbsen in der dritten, 5 Schffl. (Roggen und Hafer) in den andern; bei dem Haferboden, — unter Voraussetzung einer neunjährigen Düngung von sechs Fudern pro Morgen — im Durchschnitt $5\frac{1}{2}$ Schffl. in der ersten, $3\frac{1}{2}$ in den zwei folgenden, $2\frac{1}{2}$ in der letzten Tracht; bei dem dreijährigen Roggenlande — unter Voraussetzung 12 jähriger halber Düngung — im ersten Jahr 3 Schffl., in der folgenden Nutzung $2\frac{1}{2}$ Schffl. und in den beiden letzten 2 Schffl.). Es wird dann das Werthsverhältniß der Körnerarten gegen einander, und in der Voraussetzung, daß der Berliner Schffl. Roggen 1 Rthlr. gilt, zu Gelde in folgender Art bestimmt:

Der Weitzen	= 15,	in Gelde	1 Rthlr.	6 Gr.
— Roggen	= 12	—	1 —	— —

Die große Gerste	= 9, in Gelde	— Rthlr.	18 Gr.
— kleine —	= 8	— —	— 16 —
Der Hafer	= 7	— —	— 14 —
Die Erbsen	= 14	— 1	— 4 —

Hiernächst wird gezeigt, wie die Bestellungskosten bisher nach den märkischen Principien ausgemittelt worden, und wie solche nach Maaßgabe einer genauen Berechnung, welche auf 10 Morgen durch alle Klassen besonders, angelegt worden ist, zu stehen kommen*). Die Resultate werden noch mit denen einer ähnlichen pommerschen Berechnung verglichen, und dann folgt der Übergang zur Ausmittelung des reinen Ertrages. Es wird dessen Nachweisung zunächst nach den märkischen, dann aber auch nach den uckermärkischen Specialprincipien, nach der pommerschen Berechnung, und endlich nach einer rectificirten eigenen Berechnung mitgetheilt; hierauf werden nachfolgende Verhältnisse und Gleichungen des Bodenwerths hinzugefügt:

Wenn der reine Ertrag eines Morgens

*) nämlich für den Morgen:
Weitzenbd. 1ter Kl. 1 Rthlr. 22 Gr. 1 Pf.; Weitzenbd. 2tr Kl. 1 Rthlr. 13 Gr. 10 Pf.; Gerstenbd. 1tr Kl. 1 Rthlr. 13 Gr. 2 Pf.; Gerstenbd. 2tr Kl. 1 Rthlr. 3 Gr. 9 Pf; Haferbd. im Durchschnitt 13 Gr. 6 Pf.; Dreijähriges Land im Durchschnitt 6 Gr. 6 Pf.

Magdb. Weitzenboden erster Klasse à 3 Rthlr 17 Gr. 7 Pf. zu 1000 angenommen wird, so gilt jener Berechnung zufolge ein Morgen Weitzenboden 2tr Klasse 576, Gerstenboden 1tr Klasse 790, Gerstenboden 2tr Klasse 502, Haferboden 182, ein Mr. Roggenboden 36*).

Es werden weiterhin eilf Gradationen in folgenden Proportionalzahlen ausgedrückt: 1000, 800, 650, 570, 450, 300, 200, 140, 100, 80 und 10.

Über die Berechnung der Ackerweide wird einiges angeführt, und (ohne specielle Berücksichtigung der Lage) 4 Rthlr. als der Werth einer Kuhweide (für eine Kuh mittlerer Art: $2\frac{1}{3}$ Morgen Dreeschweide bei dem Weitzenboden 1ter Klasse, und 3 Morgen vom besten Gerstenboden) und 9 Gr. $7\frac{1}{5}$ Pf. als der Werth einer Schaafweide angegeben. Zu $\frac{1}{3}$ der Dreeschweide wird die Brachweide, und zu $\frac{1}{10}$ der Dreeschweide die Stoppelweide berechnet; hernach folgt eine Berechnung des besondern Werths der Weide jeder Klasse. Einige, das Taxationsgeschäft überhaupt betreffende Bemerkungen beschließen dann die in Rede stehende, wie schon aus

*) Hiernach gleichen einem Morgen Weitzenboden 1tr Kl.: 1,74 Mr. W. bd. 2tr Kl., 1,25 Mr. G. bd 1tr Kl., 2 Mr. G. bd. 2tr Kl., 5,96 Mr. H. bd. und 27,3 Mr. Rgg. bd.

aus dieser vorläufigen Darstellung sich ergiebt, eine besondere Aufmerksamkeit verdienende Abhandlung, welche bei der nun folgenden Vergleichung zum Grunde gelegt wird.

I.

(Vergl. §. 1. und 2. in den Annalen der Landw.) Die in der Einleitung gegebene Schilderung des Zustandes der Methode der Schätzung des Bodens im preußischen Staat, und der dabei nach bloßer Observanz angenommenen Klassen, gilt in Rücksicht des abgelaufenen Jahrhunderts für das Ganze des Staats, und seitdem vorzugsweise nur für die Marken und Pommern. Die ganze Folgereihe des sehr schätzbaren Aufsatzes, hat diese Provinzen zunächst und zum Theil nur allein im Auge *).

II.

(§. 3. 4.) Die, in der für Ost- und Westpreußen im Jahr 1801 gegebenen Veranschlagungsinstruction der Domainenarrenden, enthaltenen Regeln für das Verfahren bei der Boni-

*) Eine allgemeine Vergleichung der Tendenz des im nördlichen Deutschland, und des in England vorzugsweise bei der Schätzung von Ländereien üblichen Verfahrens, findet sich unten in der Anmerk. 17, Seite 43.

tirung der Ländereien, setzen die historischen Data in Rücksicht des speciellen Falls, z. B. eines zu veranschlagenden Vorwerks, gänzlich bei Seite, lassen zwar stets dergleichen Nachrichten, sofern sie vorhanden sind, zur Information und Vergleichung vorlegen, gründen aber nichts darauf, und fordern eigentlich nur genaue historische Kenntniß von dem Distrikt, worin das abzuschätzende Gut liegt.

(§. 5. 6.) In jener Instruction ist eben so, wie in §. 5. das Geschäft der Bonitirung (Klassification, Schätzung der Naturkraft des Bodens), wobei vorzugsweise Distrikts-Kommissarien zugezogen werden, geschieden von dem der Taxation oder eigentlichen Veranschlagung (Berechnung des nach Zeit und Umständen möglichen Reinertrags). Sie ist von der im §. 6. genannten Benennung der vier Klassen: Weizzen-, Gerste-, Hafer-, Roggenboden, die durch den weitern Verfolg des Aufsatzes (§. 12., 16., 36.) bestätiget werden, völlig abgegangen, und hat die specifische Beschaffenheit des Bodens, und dessen Ertragsfähigkeit im allgemeinen, als Eintheilungsgrund angenommen, weil die specielle Tauglichkeit für eine gewisse Frucht, an sich zu schwankend ist. Es können nicht nur die Gründe einer solchen sehr mannigfaltig seyn, oft in blos vorübergehenden Wirkungen der Kultur liegen, so daß bei specifisch verschiedenem Boden gleiche Qualification für eine gewisse Frucht angetroffen werden kann (Vergl. §. 13., 14., 16.), sondern es wird auch bei gleicher specieller Tauglichkeit, welche zwei Bodengattungen für eine und dieselbe Frucht, z. B. für Weitzen, haben, in den Ertragsresultaten ein sehr beträchtlicher Unterschied statt finden können, und zwar nicht etwa blos ein solcher, wie von der zweiten Klasse bis zur dritten, sondern ein Unterschied wie von der zweiten bis zur vierten. (Vergl. §. XV., ferner §. 67. am Schluß in dem Aufsatz der Annal. d. L., und Anmerk. 9 lit. *h* und *p* der vorliegenden Übersetzung S. 19, imgleichen die neben S. 172 befindliche Tabelle.)

III.

(§. 7.) Außer den vorübergehenden giebt es auch d a u e r n d e, nachhaltig einwirkende Folgen früherer Kultur; auf diese darf allerdings der Bonitirer (Landschätzer) achten; ja man darf, wenn schon nicht bei der Bonitirung selbst, so doch bei der durch sie vorbereiteten Taxation sogar auf solche noch anzubringende, dauernd wirksame Meliorationen angemessene Rücksicht nehmen, welche nach Verhältniß nicht kostspielig und im Erfolg unbezweifelt sind, indem dies ein jeder einsichtsvoller Käufer thun würde. (Vergl. die Bemerk. Marshalls S. 15 der Übersetzung.)

IV.

(§. 8. 9.) Der ökonomische Charakter des Weitzenbodens würde vielleicht bei Berücksichtigung eines andern, als des Dreifeldersystems nicht auf die Weise als es im §. 8. geschehen ist *), geschildert worden seyn. Die preußische Instruction, welche in der ersten, zweiten und vierten Klasse Weitzenboden aufführt, ging gleich der, Seite 19. der Übersetzung in der Anmerk. 9 im Eingang erwähnten, in den Grundsätzen der rationellen Landwirthschaft befindlichen Tabelle A., von allgemeinern Gesichtspunkten aus. Sie begreift alle in den märkischen Principien vorkommenden Hauptbodenarten, die außerdem vorkommenden aber auch; sie setzt weder eine vorangegangene Dreifelderwirthschaft, noch eine festgesetzte Proportion eines der Wirthschaft zugehenden Heuquanti (Vergl. XII. bei dem §. 34.),

*) Es wird gesagt: Weitzenboden sey der, welcher nach einer gegebenen verhältnißmäßigen Düngung und gehörigen Vorbereitung, in der Ordnung des Dreifeldersystems, Weitzen mit größerem Vortheil und sicherer trägt als Roggen.

noch sonst irgend etwas willkürliches und positives voraus. Die neuern Fortschritte der Chemie haben die genauere Angabe der Kennzeichen eben dieser einzelnen Bodengattungen (die übrigens durch gegenseitige verschiedene Mengung mannigfaltige Unterarten bilden) unendlich erleichtert; in dem hier in Rede stehenden Aufsatz der Annalen d. L. und in den Grundsätzen der rationellen Landwirthschaft befinden sich trefliche Anleitungen für diesen Zweck.

V.

(§. 10.) Der Niederungsboden enthält, wie diejenigen einräumen werden, die ihn häufig und in verschiedenen Gegenden beobachtet haben, fast alle Gattungen des Höhebodens, nur in der Regel in einem durch Moderzusatz (Humus) sehr verschieden potentiirten Zustande. Wegen des gänzlichen Mangels einer Norm für die mannigfaltigen Grade der solchergestalt erzeugten Werthssteigerung, ist in der preußischen Instruction für die Bonitirung des Niederungsbodens, mit Ausnahme der Vorschriften über die Abschätzung der dahin gehörigen Wiesen, nichts besonderes festgesetzt; man hat aber in vorgekommenen Fällen durch die Zuziehung von Distriktskommissarien bei analogischer Anwendung der generellen Vorschriften, vollständig dem Zweck genügen können. Übrigens ist zu bemerken, daß ein vorkommender Überfluß von Modererde *) immer schätzbar ist, und in England (z. B. in den Fenlands von Cambridgeshire), sehr leicht und sicher durch die Operation des paring and burning (Rasen schälen und verbrennen), in ein den übrigen Boden erregendes Düngungsmittel verwandelt wird; so daß nach einer Tracht Sommerrübsaat, in den für Winterung zu feuchten Gegenden, auch da gute Gerste gewonnen wird, wo man sonst nur guten Hafer erndten konnte.

VI.

(§. 11.) Man findet in diesem und den unmittelbar vorhergehenden §. §. unter den Benennungen Niederungsboden und Höheweitzenbode[n] die Schilderung der, in der Anmerk. 9 S. 1[...] und in der am Schluß befindlichen Tabelle, g[e]nannten Bodenarten *a*, *b*, *c* und *e*, die letzter[e] wird im §. 11. durch Mergelboden bezeichnet.

(§. 12.) Es ist sehr wahr, daß die Bode[n]arten in der Natur sich nicht durch scharfe A[b]schnitte trennen lassen, und daß sie durch Gr[...]

*) Seite 453 der Annalen der Landwirthschaft wi[...] desselben erwähnt.

dationen in einander übergehen; allein eben wegen des beträchtlichen Unterschiedes, der noch unter diesen Gradationen in den Klassen statt findet, erfordert ein genaues Verfahren die Bezeichnung der Hauptgradationen. (Vergl. §. VIII. am Schluß.) Wenn man aber bei der Benennung Weitzenboden (als Merkmal des Gegensatzes von strengem gegen milden und leichten Boden) stehen bleiben, und darin doch nur zwei Klassen annehmen will, so würde es da, wo viele und wesentliche Abwechselungen des Bodens statt finden, außerordentlich schwer seyn, damit auszukommen. Es giebt bekanntlich Boden, welcher tief unter der zweiten Klasse steht, und dem man Gerste nicht anvertrauet, worauf aber doch im Fall der Winterung, Weitzen im Durchschnitt sicherer ist, und bessern Ertrag gewährt als Roggen. Dies ist S. 459 und 460 der Annalen d. L. umständlich erörtert, und eben dadurch wird das unzureichende der Eintheilung in Weitzenboden erster und zweiter Klasse dargethan. (Der im §. 12. durch die Benennung Weitzenboden zweiter Klasse bezeichnete Boden, kommt mit den in der Anmerk. 9 durch *f* und *h* bezeichneten Gattungen völlig überein.)

(§. 13. 14.) Nicht minder folgt aus dem

§. 13. angeführten das unpräcise der Benennung „Gerstenboden erster Art," indem die stärkere Art desselben nicht nur mit mehreren Gattungen des vorzüglichern Weitzenboden eine gleiche Rente trägt, sondern auch bei zweckmäßiger Behandlung eben so guten Weitzen liefert. Es ist übrigens der im §. 14. beschriebene Gerstenboden erster Klasse, sofern der Unterschied in dem mindern Sandgehalt, in der größern Tiefe der Ackerkrume, und in einem zur gehörigen Feuchtigkeitshaltung geeigneten Untergrunde beruht, genau der unten in der Anmerkung 9 S. 19 durch *d* bezeichneten Bodengattung zu vergleichen; ferner müssen nach S. 467 der Annal. d. L. auch noch dahin gezogen werden: die in der Anmerk. 9 durch *g* und durch *i* bezeichneten Bodengattungen, woraus abermals der weite Umfang der nach den märkischen Principien unter eine Benennung fallenden sehr verschiedenen Bodenmengungen erhellet.

Auf die nachhaltig zu unterhaltende Dungkraft des Bodens darf wohl überall nur bei der Taxation, und nicht bei der Bonitirung Rücksicht genommen werden; die Rückstände früherer Düngung dagegen sind schon in Humus verwandelt, und werden in dieser Form allerdings bei der Bonitirung beachtet. Über dasjenige, was der Boden, wenn er nachhaltig durch gehörigen Dünger unterstützt wird, für die Folge leisten kann, läßt sich aber nur bei Zusammenhaltung der Verhältnisse der ganzen (großen oder kleinen) Ökonomie, ein sicheres Resultat fällen *). Bei einem günstigen Wiesenverhältniß, oder andern Nebenhülfsmitteln der Düngergewinnung, kann der S. 468 beschriebene Gerstenboden zweiter Klasse (die Bodengattung *k* in der Anmerk. 9), gute Erträge liefern; aber beraubt von allen solchen Hülfsmitteln wird er, aus den eigenen Kräften, die S. 502 der Annal. d. L. angenommene Düngung nicht einmal ganz gewähren, und unter solchen Umständen für die Bewirthschaftung nach dem Dreifeldersystem nicht passen.

VII.

(§. 15. 16.) Nach dem märkischen Bonitirungssystem werden vier völlig verschiedene Bodengattungen unter der gemeinschaftlichen Benennung Haferboden begriffen:

1) sandiger, sehr trockner Boden;

2) thoniger, oder zäher lettiger, jedoch an Humus armer Boden;

*) Man vergleiche S. 23, *d*, in der folgenden Übersetzung.

3) feuchter mooriger, mit saurem Humus versorgter Boden;

4) Boden jeder Art, welcher durch Vernachlässigung in der Kultur verarmt ist.

Die Gattung Nr. 1. ist genau dieselbe, die in der 9ten Anmerkung unter *l* aufgeführt steht, und dort die schlechtere Unterabtheilung der dritten Klasse bildet. Die Bodengattungen, welche unter 2 und 3 auch als Haferboden bemerkt sind, kommen in der 9ten Anmerkung unter den Bezeichnungen *p* und *o* vor, welche ihrer natürlichen Beschaffenheit nach, dort zu der vierten Klasse gezogen, oft jedoch einer Steigerung bis zur zweiten fähig sind. Wie ein Boden von so entgegengesetzter Natur, wie der erwähnte Haferboden Nr. 1. (oder *l*) mit Nr. 2. (oder *p*) in dem märkischen Bonitirungssystem in eine Benennung hat zusammen geworfen werden können, erklärt sich zwar daraus, daß der Boden *p* in den Marken selten vorkommt; doch die Annahme von Nr. 4., wonach Boden jeder Art, welcher in der Kultur vernachläßigt worden, in diese Klasse (des Haferbodens) gesetzt wird, läßt sich gar nicht rechtfertigen, und zeigt, da sie eine consequente Folge des durch die Gewohnheit beliebten Eintheilungsprincips der Bodengattungen nach den Früchten ist, die er eben tragen kann, was man von dem Princip selbst zu halten hat.

(§. 17.) Das sogenannte dreijährige Land (dreijähriger Roggenboden), ist in der Anmerk. 9 mit *m* bezeichnet, worunter jedoch ein etwas besserer Boden verstanden wird, als S. 475 der Annal. d. L. unter 1 geschildert worden ist; jeder Boden, der über 90 pCt. Sand enthält, kann zweckmäßig nicht mehr als drei-, sondern (in so fern er überhaupt noch beackert zu werden verdient) nur als sechs- oder als neunjähriges Land benutzt werden, indem es für den Reinertrag besser ist, wenige, etwas ergiebige, als viele schwache Erndten zu nehmen, welche überdem die Benutzung als Weide schmälern, ohne durch den schlechten Strohgewinn zu entschädigen.

VIII.

(§. 18. bis 25.) Es finden sich hier äußerst schätzbare practische Anleitungen für das Bonitirungsgeschäft, welche für ein jedes System der Bodeneintheilung anwendbar sind, vorzüglich jedoch für ein solches, welches blos auf die physische Beschaffenheit, und auf die physische Einwirkung der die Vegetation innerhalb gewisser Gränzen allgemein erregenden oder hindernden Stoffe gegründet ist. — Das S. 481 über die schwarzbraune und dunkelbraune Farbe von frisch umgebrochenem Boden, als Kennzeichen des Reichthums gesagte, wird durch die englischen Bezeichnungen von den besten Bodengattungen: Hazelmould und rich brown loam bestätiget. Man kann für jede Klasse und Gattung des Bodens die dominirende Farbe angeben, allein es finden außerdem in Districten von größerer oder geringerer Ausdehnung sehr oft noch Bodengattungen von übrigens ähnlicher Qualität, Schichtung und Verbindungsart statt, die eine abweichende Farbe haben *); dem Bonitirer,

*) Marshall führt einige merkwürdige Beispiele von sehr fruchtbarem Boden an, welcher eine röthliche Farbe hat. In seinem Werk: The rural economy of the west of England Vol. II. (London 1796) bemerkt er (S. 102) daß sich in dem Thal von Exeter ein röthlicher, strenger, tiefer Lehm, von ungemeiner Fruchtbarkeit (z. B. in Weitzen, Bohnen und Flachs) befände. (Ein ähnlicher Boden befindet sich zu Hollohlaw, auch Slati prut genannt, im Amte Schmirsig in Böhmen.) In dem angeführten (zweiten) Bande wird S. 181 erwähnt, wie das dunklere Roth, welches dem streng lehmigen Marschboden von Süd-Sedgemore eigen ist, von einer Überströmung mit herabziehendem Wasser herrührt, welches von den benachbarten höher liegenden rothen Ländereien, von Taunton und den Blackdownhügeln gefärbt worden. — In

welcher Distriktskenntniß hat, oder ehe er an das Werk schritt, sich solche zu verschaffen suchte, wird es nicht schwer werden, dergleichen Fälle unter die allgemeinen Regeln zu bringen, unter welche sie passen. — Es sind in den angezeigten §. §. acht Eigenschaften des Bodens bemerklich gemacht, worauf man bei der Bonitirung vornäm-

eben dem Werk, im ersten Bande S. 13. wird eines in West-Devonshire vorkommenden Bodens von einer höchst sonderbaren Verbindungsart erwähnt, welchen man (wie Marshall sagt) unter die gewöhnlichen vier Klassen (Thon, Lehm, Sand, Kies) nicht bringen könne, und welchem mehr die Natur des Schlammes eigen zu seyn schiene. Er wäre wahrscheinlich aus verwitterten Schieferfelsenbröckeln entstanden, welche durch die Einwirkung der Atmosphäre in eben dem Schlamm und Schlick, die als Urbestandtheile angenommen würden, decomponirt worden wären. Nach den quantitativ verschiedenen Beimischungen lehmiger Stoffe gebe es unter diesen, ohne Ausnahme einsaugenden (durchlassenden) Boden sehr verschiedene Grade der Fruchtbarkeit. — In dem ersten Bande der Beschreibung der Landwirthschaft von Yorkshire (London 1788), wird Seite 299 das sogenannte Red-stone land, rothes steiniges Land, als ein tiefer sehr fruchtbarer Boden, unter andern Gattungen mit der Bemerkung aufgeführt, daß man dort annähme, die Steine dieses Bodens wären dem Gedeihen der Früchte vorzüglich günstig.

lich die Beobachtung zu richten hat, wenn (was wohl vorausgesetzt werden darf) die Größe bekannt ist, nämlich: 1) Consistenz, 2) Kraft, 3) Tiefe der Ackerkrume, 4) Beschaffenheit des Untergrundes, 5) Feuchtigkeit des Bodens, 6) Lage des Feldes, 7) Befreiung von, oder Anfüllung mit Steinen, 8) Reinheit oder Unreinheit des Ackers von sehr nachtheiligem Unkraut; imgleichen alle besondern Umstände, welche den Werth des Ackers verändern können. Vielleicht könnte man ohne Nachtheil diese Eigenschaften unter folgende vier Hauptgesichtspunkte (mit dem vorbehalt, daß nachdem I. Größe, II. innere Qualität beschrieben worden, III. die vorkommenden besondern Umstände der geographischen Lage und IV. der dermalige Zustand separat zu schildern sind,) bringen:

a. Beschaffenheit des Bodens, des Unterbodens, und der Grundlage.

b. Tiefe des Bodens (der Ackerkrume) und des Unterbodens.

c. Reichthum beider.

d. Lage in Beziehung auf die physischen Einflüsse des Lichts, der Wärme oder Kälte, und der Feuchtigkeit.

Es ist klar, daß in a. b. und c. die Eigenschaften 1, 2, 3 und 4 auch dargestellt werden;

5, ist ein Resultat aus allen (a. b. c. und d.) besonders aus a. b. und d.; 6, ist mit d. gleich; die 7te Eigenschaft liegt in a.; die 8te gehört in so fern als das Nähere nicht aus c. schon hervorgeht, zu den Umständen, die in der Schilderung des dermaligen Zustandes eben so wenig übergangen werden dürfen, als mehrere andere Puncte, die weiter unten in der Übersezzung *) vollständig aufgezählt sind. Doch ist diese Schilderung nicht als zur eigentlichen Bonitirung gehörig, sondern (in allen einzelnen Fällen) nur als eine sehr schätzbare, und für den Gebrauch bei der Taxation oder Veranschlagung nothwendige Zugabe derselben anzusehen. Sie wird nach Anleitung der §. II. gedachten Instruction in dem sogenannten Vorwerksbereisungsprotokoll aufgenommen. Eine genaue Vergleichung der erwähnten Anleitung §. 25. bis 31. mit den, von Marshall aufgezählten Puncten zeigt, daß in jener, alle unter IV. (S. 27) genannten, und die unter III. (S. 20) aufgeführten bis auf zwei, welche besonders dann zur Sprache kommen, wenn von Anwendung der Grundsätze in einer andern Pro-

*) Siehe S. 23 bis 31, (III. c, d, e, f, g, i und IV. a, b, c, d, e, f und g); man wird finden daß an den oben unter Nr. 8. bemerkten Punkt S. 30 31 (IV. e) ausdrücklich gedacht ist.

vinz die Rede ist, — nämlich: Klima (worauf indeß der §. 14. der Instr. hinweiset,) und Geist der Verbesserung — ausdrücklich bemerkt sind. Dagegen finden sich in der gedachten Instruction, deren wesentlichste Tendenz übrigens dahin gerichtet ist, den Geist der Verbesserung da zu erwecken, wo er och schlummert, zwei Punkte mehr aufgeführt, welche auf das bewegliche Inventarium sich beziehen, — worauf es in England, da Vieh und Geräthe gewöhnlich dem Pächter gehören, nicht ankommt. —

(§. 28.) Das Geschäft der Taxation wird ungemein erleichtert durch zweckmäßige Annahme von Klassen, und naturgemäße Bestimmung der Gradationen in denselben; eben so erschwert durch eine davon abweichende Grundlage der Bonitirung. Diejenige Grundlage der Bonitirung wird die mindest unvollkommene seyn, welche das willkürliche und zufällige am meisten vermeidet, und sich zugleich brauchbar zeigt für den gegebenen Zweck der Taxation. (Vergl. §. XIII. und XVII.)

IX.

(§. 19.) Es wird hier von der Ausmittelung des rohen Ertrages unter Voraussetzung des Dreifeldersystems, und Benutzung der halben den Brache gehandelt. Die letztere kann indeß bei dem vorhin als Gerstenboden zweiter Klasse, und als Haferboden geschilderten Lande der Regel nach nicht, sondern nur ausnahmsweise gelten. Was aber die Methode betrifft, den rohen Ertrag nach der Vervielfältigung der Aussaat zu bestimmen, so ist solche, wenn über die Aussaat für jede Bodengattung bestimmte Normen angegeben sind, keinesweges schwankend. Auch kommt es, wenn diese Normen eben nur dazu angewandt werden, um den Ertrag zu berechnen, nicht eigentlich darauf an, ob sie an sich jedesmal, oder ob sie in den meisten Fällen dem Durchschnitt nach, oder ob sie überhaupt nur annähernd richtig sind. Es ist für das Resultat, den Reinertrag, gleichgültig, ob man bei der Abschätzung mit dem Brutto-Ertrage anfängt, die davon abzurechnende Saat zum Mittelgliede macht, dann die Wirthschaftskosten abzieht, und so zum Netto-Ertrage gelangt; oder ob man mit der Saat anfängt, und den nämlichen Brutto-Ertrag als Mittelglied (analog dem Verfahren der Natur), aus einer Vervielfältigung der Saat herleitet, hernach aber die nämlichen Abzüge wegen Saat und Wirthschaftskosten folgen läßt. Beiden Methoden liegt ein gleichartiges Urtheil zum Grunde. Die ersterwähnte geht von einem scheinbar einfachen, aber doch auch nur durch Zusammenfassen mehrerer einzelner Sätze gebildeten allgemeinen — der festen Angabe des Brutto-Ertrages für jede Bodengattung — aus. Die zweite stützt sich auf zwei allgemeine, aber mit einander eng verbundene, aus der Erfahrung abstrahirte Sätze, das Aussaats-Quantum und dessen Vervielfältigung, — beide (eben so) abweichend für jede Bodengattung.

Die feste Basis der ersten kann nur aus den Erfahrungen in Hinsicht des Reinertrages, zu welchen die zweite leitet (einmal für allemal) gebildet werden. Bei Anwendung der zweiten wird der Gesichtspunkt des Reinertrages, worauf eine zweckmäßige Klassifikation beruht, nie aus den Augen verloren (in allen einzelnen Fällen beachtet). Die erste Manier gewährt, gehörig ausgebildet, dem, der die Taxation bewirkt, oder bestimmter ausgedrückt: dem, der den Anschlag macht, die Einrichtung anordnet, und das Verfahren leitet (aber nicht dem Bonitirer), einige von den Vortheilen des so genannten faulen Knechts für den Rechner, welche, als Zeit sparend für alle gleichartige Fälle anwendbar sind. Sie beruht auf eben den Principien wie die zweite, mittelst welcher man auch die ungleichartigen aufzulösen unternimmt, und wie es die

Erfahrung bewiesen hat, vermag. In der oben und S. 48. der Annalen erwähnten Instruction vom Jahr 1801 hat man daher für Ostpreußen (Litthauen mit inbegriffen) und Westpreußen, die erwähnte zweite Methode, mit Anwendung berichtigter, auf das vorhin erwähnte Resultat des Netto-Ertrages bei den vorkommenden verschiedenartigen Fällen, berechneter Sätze beibehalten. Auf diesem Wege wurde, wie jede Anwendung bewährt hat, bei der man vor Mißverständnissen sich zu hüten, Fähigkeit und Willen hatte, das Ziel sicher erreicht, und darin lag der Grund, weshalb man ihn nicht verließ.

Die gewagt scheinende Berichtigung der dem frühern Verfahren zum Grunde gelegten, mit Genauigkeit nie zu bestimmenden Sätze der Aussaat und des Ertrages, wurde in jener, zunächst auf die Werthsausmittelung größerer Wirthschaften gerichteten Instruction, durch folgende Umstände veranlaßt. Die frühere auf Register gegründete Veranschlagungsweise (welche unbrauchbar geworden war, weil wegen der Dienstaufhebung, die in den Ost- und Westpreußischen Domainen damals eingeleitet, und bald nachher ausgeführt wurde, die alten Verhältnisse aufhörten.), hatte künstlich auf ein sehr unrichtiges Saatquantum, so wie auf niedrige Erträge geführt und daran gewöhnt; daher ein Anstoß zur Berichtigung, der übrigens jedem die Wahl des Bessern ließ, nöthig war. — Zugleich aber gab die neue Methode Gelegenheit, an die Stelle der in landschaftlichen Anschlägen üblichen speciellen und komplicirten, nach Zeit und Ort so sehr wandelbaren Ackerwirthschaftskosten-Berechnungen, ein einfacheres festes Princip, eine nach dem Local sich modificirende Quote des rohen Ertrages, zu setzen. Diese Methode läßt sich daher nur im Ganzen richtig beurtheilen; sie nimmt übrigens stets, wenn bei verschiedenen Bodenmengungen gleicher Klassen ein abweichender Satz des Saatkorns statt findet, bei dem geringern eine höhere, und bei dem stärkern eine minder hohe Vervielfältigung an (§. 41. der Instruction).

Die für Separationen besonders brauchbare Manier, den Ertrag eines Morgens kurz nach Scheffeln (z. B. Schff. Rog.) oder auch in Gelde zu bestimmen, wird sich vermuthlich da am sichersten einführen lassen, wo eine zweckmäßige Methode der Bonitirung schon vorbereitet ist, und wird vergleichungsweise da die schwankendsten Resultate geben, wo eine veraltete, bloß durch Gewohnheit begründete Verfahrungsweise noch herrscht. Auf den Grund einer sehr genauen Bonitirung wird man für gewisse Districte Normalsätze reguliren können, die für irgend eine beliebige Fläche den Reinertrag einer jeden vorkommenden Bodengattung, unter Voraussetzung eines ähnlichen Locals, einer gewissen Wirthschaftsart und der hiernach zu gebenden Düngung, für einen längern Durchschnitt von Jahren bestimmen. Mit andern Worten heißt dies: Man wird einen Districtsnormalanschlag machen können, unter welchen man alle dahin passende ähnliche einzelne Fälle mit Sicherheit subsumiren kann. In dieser Art würde das Verfahren dem vorhin (S. 3) berührten, welches in Preußen schon üblich ist, gleichen. Wollte man aber etwa die Düngung bloß aus der Natur des Bodens ableiten, und nicht zugleich nach dem Local (siehe unten S. 23. III. c. d. ꝛc.) und nach der Wirthschaftsart (S. 27 IV. a. b. d. f.), — wollte man auf beides nicht weitere Rücksicht nehmen, z. B. Äcker mit Wiesen eben so veranschlagen, wie gleiche Äcker ohne damit verknüpfte Wiesen; desgleichen Wiesen, wozu eine Ackerwirthschaft gehört, eben so wie andre gleich bonitirte Wiesen, zu denen keine gehört; wollte man ferner eine Fläche, z. B. 50 Morgen im Gemenge liegendes, einen ganzen Freibauerhof bildendes Land eben so taxiren, wie 50 ähnliche bonitirte Morgen, welche separirt zu einem 500 Morgen großen Gut gehören, so würde man durch ein solches Verfahren augenscheinlich nicht richtig zum Zweck geführt werden.

X.

(§. 30.) In Hinsicht der Düngung kommen abermals zwei Methoden zur Betrachtung; die eine (die der preußischen Instruction) gründet sich auf den auszufutternden Viehstand, oder auf die zu gewinnende Futtermasse (imgleichen Einstreue) welche sich in Dünger verwandeln läßt; die andre S. 491 der Ann. aufgestellte nimmt an, daß jeder Acker in eben dem Verhältniß Dünger (überhaupt in Masse) erhalten soll, als er zu dessen Erzeugung Stroh beitrug, folglich der gute viel, der schlechte wenig. Die zuerst erwähnte Ausmittelungsart wird für minder angemessen erklärt, weil sie: a) mit der Strohgewinnstberechnung anfinge, die von der Fruchtbarkeit des Ackers abhängt, auf welche man dabei, im Zirkel wieder zurückkäme; weil ferner b) die ökonomische Düngervertheilung dabei fehlerhaft wäre, und oft der schlechtere Boden auf Kosten des bessern versorgt würde, und c) weil aus einer solchen Abschätzung nicht erhelle, was ein jedes Feld werth sey.

Zu a) ist anzumerken, daß es früher Methoden gegeben hat, die, indem sie das noch unbekannte, z. B. die Aussaat, suchten, es als vorhanden unter den Grundlagen, z. B. für die Strohberechnung benutzten, und nachher doch darauf als auf ein Resultat führten. Die Instruktion vom Jahr 1801 vermeidet indeß das Zurückkommen auf denselben Punkt; sie geht von dem vorgefundenen Zustande aus, nämlich: dem Quanto an Futter und Einstreue, welches durch die vorhandenen Wiesen und Teiche, imgleichen durch die bestellte Ackerfläche nach Maaßgabe ihres bisherigen Düngungszustandes producirt wird, und geht dann zu dem möglichen über, das heißt: zu derjenigen Ackerbehandlung und Düngung, welche nach jenen Datis und nach dem Local, imgleichen bei einem diesen Verhältnissen entsprechenden Futtergewächsbau rathsam und ausführbar sind. Es wird dabei kein allgemeines ökonomisches Verhältniß von Wiesen und Weideländereien postulirt, sondern die Behandlung jedem Local angepaßt.

Zu b) ist anzuführen, daß die ökonomische Düngervertheilung sich nur nach zwei Umständen reguliren kann: nach dem Bedürfniß, und nach dem, aus den vorhandenen Hülfsmitteln zu beschaffenden Vorrath. Das Bedürfniß ist sehr verschieden nach der Qualität des Bodens, sowohl in Hinsicht auf Qualität als auf Quantität des Düngers. Der vorzüglichste Boden fordert nicht eben den reichsten Düngrr; daraus würde oft nur Lagergetreide entstehen. Von der andern Seite darf der schlechtere Boden sich nicht immer mit dem wenigen Dünger begnügen, der ihm nach Verhältniß desjenigen Strohertrages zukommen würde, welchen er im Dreifeldersystem liefert. Ein mittlerer Durchschnitt wird im Ganzen am wenigsten fehlen, wenn man dabei von den wirklich vorhandenen Hülfsmitteln ausgeht. Bei deren Ausmittelung zeigt sich aber, ob die bisherige Wirthschaftsart die zum Bedarf erforderliche Düngermasse gewähren kann; ob eine andre nöthig ist, damit durch erweiterten Futterbau und beschränkte Getreidebestellung ein besserer Ertrag gesichert werde, oder ob bei etwa überschießendem Düngervorrath die dem Getreidebau gewidmete Fläche sich erweitern läßt.

(Zu c.) Alles, was von einem Ganzen, z. B. einer im Gemenge liegenden großen Dorfsflur oder einem zu dismembrirenden Vorwerk, auf solchem Wege ausgemittelt ist, gilt auch von den einzelnen Theilen mit dem einzigen Unterschiede, daß bei sehr kleinen Wirthschaften, sofern nicht gartenmäßige Kultur dabei statt findet, in der Regel die Wirthschaftskosten in einem höh rn Verhältniß zum Ertrage stehen. Es gilt mit dieser Modifikation von einem jeden Felde, welchem sein Antheil an der im Ganzen zu gewinnenden Düngermasse gebührt, indem es hiernach auf den Grund der spe iellen Bonitirung: zufolge den Annahmen der allgemeinen Taxation, mit einer für solche Zw.cke zureichenden Genauigkeit speciell abgeschätzt werden kann, wie solches bei dem praktischen Verfahren sehr oft (in Preußen und auch in Schlesien) geschehen ist.

XI.

(§. 31.) Nach dem in diesem §. aufgstellten Princip, daß jeder Acker in dem Verhältniß, wie er Stroh zur Düngermasse lieferte, Dünger wieder erhalten soll, müßte derjenige Acker, welcher gewöhnlich Lagergetreide lieferte, den reichsten Dünger erhalten; der, welcher kurzes, wenn schon körnerreiches Stroh brachte, den wenigsten. Es giebt wohl eben so viel zu berücksichtigende Umstände, um für einen gegebenen Boden ökonomisch richtig die erforderliche Quantität des Düngers zu bestimmen, als man deren in Hinsicht der für verschiedene Bodengattungen am besten passende Qualität des Düngers kennt; man wird aber mit Durchschnittsannahmen, die auf einem sorgfältig der Wirklichkeit nach ausgemittelten Fundament beruhend, auf alle Äcker ohne Unterschied angewandt werden, der Wahrheit näher kommen, als mit für jeden Acker speciell berechneten Sätzen, welche sich auf ein zum Theil willkürlich angenommenes Fundament gründen*). Die Annahme, daß auf 1500 Pfd. Stroh in der Wirklichkeit jederzeit 500 Pfd. Heu (oder demselben gleichkommende Futtersurrogate) zu rechnen wären, kann man jedoch nicht ganz von aller Willkürlichkeit entfernt erklären. Eben so wenig die, daß von der gesammten Düngermasse eines Guts, die bessere Hälfte Acker, welche 10,000 Centner Stroh gab, $\frac{2}{3}$, und die schlech-

*) Die S. 92 der Annalen d. Landw. désfalls aufgestellten Sätze lauten: Der Acker liefert dem Vieh das Stroh, ohne daß ihm solches angerechnet wird. Vom Stroh allein kann das Vieh nicht erhalten werden, oder wenigstens keinen Nutzen bringen; es muß daher Heu, oder ein anderes Futtersurrogat haben, und dieses muß wenigstens, dem Gewichte nach $\frac{1}{3}$ des Strohes ausmachen. Auf 1500 Pfd. rechnen wir also 500 Pfd. Heu, oder ein denselben gleich kommendes Futterquantum. —

.ere, welche 5000 Centner gab, nur $\frac{1}{3}$ erhalten soll *).

Es giebt viele Wirthschaften, bei welchen beträchtlich weniger als $\frac{1}{3}$ des Strohes dem Gewicht nach in Heu oder anderm, nicht in Stroh bestehendem Futter verbraucht wird; es giebt noch weit mehrere, bei denen beträchtlich mehr als $\frac{1}{3}$ des Strohes (oder als $\frac{1}{4}$ des ganzen Futterbedarfs) in Heu und in anderem demselben gleichkommendem Futter verbraucht wird. Nicht bloß in eigentlichen Niederungen, sondern in allen wiesenreichen Gegenden ist der letzte Fall die Regel. Der erstgedachte trift aber bei sehr wiesenarmen, und auch zum Futterkräuterbau schlecht geeigneten, dennoch zur Schaafzucht, imgleichen zur Roggen- und Haferkultur, nicht minder theilweise zum Anbau einer kleinen Erbsengat-

*) Nach S. 500 der Annalen d. Landw. giebt ein besäeter Morg. Weitzenboden 2tr Klasse 5882 Pfd. Stroh; nach S. 503 ein besäeter Morg. Haferbd. mittler Art 2501 Pfd. Stroh, oder noch weit weniger als halb soviel. Es kann folglich angenommen werden, daß häufig Fälle eintreten, wo bei einem Gut von pptr 400 Morg. Säeland, 200 Morg. à 5000 Pfd. Stroh ein Quantum von einer Million geben, und die andere (schlechtere) Hälfte à 2500 Pfd. per Morg. nur 500,000 Pfd. beiträgt.

tung im Sommerfelde sehr brauchbaren Höhe-Ländereien, namentlich in dergleichen Gebirgsgegenden häufig ein. Der Umstand, daß obiges Verhältniß zwischen Stroh und Heu vielleicht bei dem größern Theil der Höheländereien der hiesigen Provinz annähernd erreicht werden mag, scheint die Feststellung einer allgemeinen Regel noch nicht zu motiviren, selbst nicht für diese Provinz, in welcher es dann für die vorkommenden Ausnahmen ganz an einer passenden Norm fehlen würde. Wollte man aber die gedachte Regel dadurch ergänzen, daß die jedesmalige Pfundzahl Heu, sie betrage weniger oder mehr als $\frac{1}{3}$ des Strohgewichts, dem nach gewissen Principien ausgemittelten Gewicht des Strohes zuzurechnen sey, so würde das im Eingange des §. 31. aufgestellte und vorhin berührte Princip den mannigfaltigsten Modificationen unterliegen.

So lange man indeß irgend eine der Rauchfutter-Nutzung der Ackerfläche hinzutretende willkürlich gesetzte Quote andern Rauchfutters, (z. B. 1 a Heu zu 3 a Stroh) annimmt, so steht dies der allgemeinen Anwendung des Princips, wenn die Quote auch im einzelnen ihre vollkommene Richtigkeit hat, entgegen. Denn entweder muß dieser Zusatz so erfolgen, wie die preuß. Instruction (oder ähnliche

Methoden) die Anleitung geben, nämlich der jedesmaligen Wirklichkeit entsprechend, oder er muß nie geschehen, weil sonst sehr viele Fälle vorkommen werden, wo der als Postulat angenommene Satz gar nicht paßt. Es wäre jedoch denkbar, den Zusatz immer weg zu lassen, eine Ackerbenutzung ohne alle damit verbundene Wiesen anzunehmen, wie sie denn allerdings zuweilen statt findet und möglich ist, nicht nur bei sehr gutem, sondern auch bei sehr schlechtem Lande. Im ersten Fall werden Futterkräuter angebauet, und im andern kauft man das, absolut als Zugabe erforderliche Futterquantum, welches jedoch dann (bei Schäfereien) weit weniger als $\frac{1}{3}$ des Strohgewichts, (im ersten Fall bei stärkerm Futterbau jedoch oft weit mehr) zu betragen pflegt.

Hieraus ergiebt sich aber, daß eine andere Regel als die auf der angeführten Quote beruhende aufgestellt werden müste, wenn man es im allgemeinen für überwiegend nützlich halten sollte, die Düngung des Landes bloß aus dessen Qualität zu abstrahiren. Eine dazu brauchbare Formel würde, unter der Voraussetzung, daß für einen bestimmten Roggenwerth eine bestimmte Quantität Heu in der Gegend zu erlangen sey, sich angeben lassen. Das unter dieser Einschränkung anwendbare Verfahren würde sich gleichwohl für Pacht- und Kaufanschläge (bei welchen nicht vorzugsweise die Kategorie der Quantität und Qualität, sondern die übrigen eben so sehr in Betrachtung gezogen werden müssen), nicht eignen; doch möchte es vielleicht brauchbar seyn, um den eigentlichen relativen Werth verschiedenartiger Ländereien bei Gemeinheitstheilungen (auch in solchen Fällen, wenn mehr oder wenn weniger als $\frac{1}{3}$ Heugewinn im Vergleich gegen den Stroherbau statt findet) auszumitteln, desgleichen um Grundkatastra anzulegen. So lange aber als dabei Dreifelderwirthschaft zum Grunde gelegt würde, wäre die Brachbenutzung da, wo sie an sich dem Boden nach möglich ist, dann nicht für Körner, sondern bloß als dem Futterkräuterbau gewidmet anzunehmen; man müßte, um von den Wiesen (als beigegeben) abstrahiren, und sie für sich allein abschätzen zu können, das fehlende Winterfutter stets als zu demjenigen Preise zuzukaufen anrechnen, welcher dem, nach Abzug des Betrages der dadurch möglich werdenden Viehnutzung, übrig bleibenden Werth von dem auf diesem Wege mehr zu erlangenden Dünger gleich kommt. (Von der Weide dürfte dabei nicht die Rede seyn, weil die Viehnutzung das in der Rechnung als zu zahlen anzunehmende Weidegeld völlig ersetzt, die bleibende Brachweide aber in ihrem Werth für Schaafe, die für das Betriebvieh anderweitig erforderliche so ziemlich deckt.)

Wollte man etwa nach dem S. 492 der Ann. aufgestellten Satz: „das Vieh bezahlt durch seine Nutzung oder Arbeit das erhaltene Heu oder Futter, und der von diesem gefallene Dünger vergilt dem Acker die Benutzung des dem Vieh gegebenen Strohes *)" schließen, es dürfe nie von einer Rechnung zwischen dem Acker und dem, seinem Strohgewinn zugeflossenen Heu die Rede seyn, weil durch das von letzterm erzeugte Düngungsmaterial jederzeit die in der Viehnuzzung nützlich angewandte Strohmasse genau bezahlt würde, und eins gegen das andere sich aufhebe, so ist zu bemerken, daß eben diese Annahme nur in einem einzigen Fall, nämlich dem eines statt findenden bestimmten Verhältnisses zwischen dem Verbrauch von Heu und Stroh genau wahr seyn kann, folglich in allen andern

*) Auf diesen Satz folgen die nachstehenden: der Werth der reinen Benutzung wird den Wiesen oder Futterfeldern zu gut geschrieben, und ihr Werth darnach berechnet. Dem Vieh selbst wird überall keine reine Benutzung beigemessen; es wird in Hinsicht auf die Abschätzung des Grundes und Bodens nur als Werkzeug betrachtet, wodurch jener nutzbar gemacht wird.

Fällen Modifikationen erleidet. (Wenn z. B. $\frac{1}{4}$ der Rauchfutter- und Einstreuemasse in Heu von mittlerer Güte das Minimum, $\frac{1}{3}$ der Masse das Maximum wäre, so würde in den Wirthschaften, wo nur $\frac{1}{6}$ der Masse in Heu und Surrogaten desselben beschafft werden kann, dem Acker nicht genug für die Benutzung seines Strohes durch das Vieh, zurückgegeben; da hingegen, wo die Hälfte der Masse oder noch mehr in Heu bestände, würde ihm weit mehr vergolten, als er aus eigener Kraft leistet.) — Ferner ist es klar, daß verschiedene Einrichtungen der Ökonomie, in dem erforderlichen Verhältniß zwischen beiden Rauchfutterstoffen verschiedene Bedürfnisse erzeugen; es wird daher schwerlich irgend ein bestimmtes Verhältniß anzugeben seyn, welches für alle Fälle passend, und etwa so viel als möglich überall durch Anstrengung zu erreichen wäre. Es darf nur ein Beispiel angeführt werden; — bei strengem Boden thut man nicht wohl, den größern Theil des Strohes zu verfüttern, weil ein langer (strohreicher) Dünger für zähes Land, der Auflockerung wegen wohlthätig wirkt; — man braucht folglich da verhältnißmäßig mehr Stroh, als bei Boden der nämlichen Klasse, welcher milder und an sich eben so ergiebig an Stroh ist. —

Der

Der Werth der reinen Benutzung des Futters und Heues könnte wohl nur dann den Wiesen und Futterfeldern zu gut geschrieben werden, wenn man ihn bestimmt kennt; dies ist aber nur in der Voraussetzung möglich, wenn man: 1stens weiß, daß sie zum Dünger nicht mehr gegeben haben als den Betrag vom Werth des Strohes, was in die Viehnutzung mit herüber gekommen ist, und wenn man 2tens: den reinen Ertrag dieser Viehnutzung genau kennt, auch 3tens dasjenige, was zur Futterung des Betriebviehes verwandt worden, ebenfalls berücksichtiget.

Zu 1 ist zu bemerken, daß es wieder auf Annahme eines bestimmten Verhältnisses ankommt, und daß alles sich ändert, wo dieses — (wie in vielen, vielleicht in den meisten Fallen) anders steht. Häufig (z. B. in wiesenreichen Höhegegenden und in Niederungen) haben die Wiesen und Futterfelder weit mehr zum Dünger gegeben, als das Vieh in Stroh erhielt; — nicht selten (z. B. bei Schäfereien) weit weniger.

Zu 2. Das zu gut schreiben wird aber, wenn genau verfahren werden soll, dann eben so schwierig seyn, wenn in dem als bekannt angenommenen reinen Ertrage der Viehnutzung (bei wiesenreichen Höhegegenden) weit weniger als der ganze Werth der reinen Benutzung der Wiesen und Futterfelder befindlich wäre, als es in dem Falle seyn müßte, wenn (bei einem wiesenarmen Local wo die Winterfütterung der Schaafe hauptsächlich auf dem Strohgewinn beruht,) es sich so zuträfe, daß weit mehr darin enthalten wäre, als der ganze Werth der reinen Benutzung der Wiesen und Futterfelder.

Zu 3. Insofern die Wiesen einen Beitrag zur Betriebvieh-Erhaltung liefern, müßte solcher dann auch zu gut geschrieben werden, wenn jede Fläche separat geschätzt werden soll; dagegen die zum Acker gehörigen, oder daraus zu bildenden und nicht etwa völlig oder auf eine lange Reihe von Jahren ausscheidenden Futterfelder, wenn sie nach Abzug des Betriebvieh-Bedarfs mehr aufbringen, was bei der Viehnutzung zur Sprache kommt, mit diesem Überschußertrage offenbar eigentlich die Ackernutzung erhöhen. Es scheint, daß, um durchgehends Consequenz zu erreichen, dieser, oder ein im wesentlichen damit übereinstimmender Weg bei separater Abschätzung der einzelnen Flächen insofern zu verfolgen seyn würde, als solche nach etwas anderm, als blos nach dunklem Gefühl oder nach dem durch Gewohnheit erworbenen empirischen Takt geschehen und auf einem fest gegründeten, von der Relation mit andern Flächen unabhängigen Kalkul beruhen soll. Ob aber dadurch im Vergleich gegen die §. X. am Schluß erwähnte Methode, ein einfacheres und doch vom willkürlichen eben so entferntes Verfahren gewonnen werden würde, dies möchte noch eines Erweises bedürfen.

Allerdings erscheint das Vieh in Hinsicht auf die Abschätzung des Grundes und Bodens als Werkzeug, aber im höhern Sinne. Es gewährt schon im rohen Zustande der Ökonomie, im Nomadenleben, verhältnißmäßig das nämliche, was im vervollkommneten der Fabrikation die Maschine. Die Viehzucht ist die Maschine, welche die Arbeit der Jagd erspart, welche Kapital als daseiend voraussetzt und es anhäuft. Der Umstand, daß die Natur dabei der erste Werkmeister ist, kann die Analogie nicht stören, sondern nur die Behauptung rechtfertigen, daß ein solches Instrument mit gemeinen nicht zu verwechseln sey. Eben so wenig aber, wie man bloß aus der Masse und Qualität der Baumwolle auf den Ertrag einer auf ihre Verspinnung gerichteten, an einem bestimmten Orte befindlichen Maschinenanlage im allgemeinen richtig schließen kann, sondern Conjuncturen, Localität, imgleichen innere Treflichkeit der Anlage und Möglichkeit ihrer dauernden Erhaltung dabei mit entscheiden, eben so wenig kann man bloß aus der Größe und Qualität der Wiesenfläche, besonders wenn damit Ackerländereien in Verbindung stehen, den Ertrag der Viehnutzung allgemein beurtheilen. Es kommt wesentlich mit darauf an, durch welche Art lebendiger Maschinen man das Produkt verarbeiten lassen kann, nach dem Local und den Umständen, und was die äussern Verhältnisse gewähren. Man wird auf dem rationellen Wege nicht wohl thun, das sichere Mittel, welches die konkrete Kenntniß vom Nutzungsertrage derjenigen, den Futtergewinn verarbeitenden Maschinen gewährt, die eben für das gegebene Local und den Distrikt passen, zu verwerfen, und ein anderes aufzusuchen, welches doch allemal im Umwege darauf wieder zurückkommen muß, und welches selbst dann, wenn es dem Distrikt entspräche, nicht allemal für das herausgehobene Local passen wird. Der Empiriker kann weit eher den kürzeren Weg (den von oben herunter) ergreifen, weil in seinem Urtheil die Zwischenschlüsse, ohne daß er sich dessen klar bewußt wäre, deshalb schon enthalten sind, weil er in seinem Distrikt die Abschattungen der Localitäten kennt.

XII.

(§. 32. 33.) Die Berechnung des Strohgewinns per Wispel und Scheffel Aussaat, ist so lange für den praktischen Gebrauch nicht geeignet, als die Aussaat; im Verhältniß gegen die Fläche unbestimmt ist; im letzterwähnten Falle thut man indeß besser, gleich per Morgen zu rechnen. Die Erfahrung des Herrn Meyer, daß der Strohertrag nach dem Körnerertrage sich ausmitteln lasse, spricht für das Verfahren der preußischen Instruktion vom Jahre 1801, welche die Anleitung giebt, denselben nach Maaßgabe der Fläche der Ackerklassen zu berechnen. Denn die letztern drücken den Grad der allgemeinen natürlichen Fruchtbarkeit oder Ergiebigkeit des Bodens im Körnerertrage aus, ohne vorzüglich einzelne Gattungen von Getreide dabei zu berücksichtigen. Dies letztere darf deshalb nicht geschehen, weil es sich von selbst versteht, daß man in den besseren Ackerklassen die vorzüglicheren Getreidegattungen, die auch zugleich die ergiebigsten im Strohertrage sind, mit günstigem Erfolge anbauen kann.

(§. 34.) Wenn man dagegen, um den Dünger nach der Masse des Strohes berechnen zu können, zuvor nach den zu erbauenden Getreidearten und deren Körnerertrage (zwei zu Anfange des Geschafts ganz unbekannten Gegenstanden), das Stroh auszumitteln gedächte, so wurde offenbar ein Zirkel im Verfahren eintreten. Wollte man, um diesen zu vermeiden, den Dünger geradezu nach der Quantität des anderweitig ausgemittelten Stroh- und Heugewinns berechnen *), welches allerdings geschehen kann, so müßte doch der Heugewinn jedesmal separat gehörig ausgemittelt, und nicht überall auf $\frac{1}{3}$ des Strohgewinus fixirt werden, indem es nur in ausgesuchten Fallen gerade so zutreffen kann.

Es ist aber ferner zu bemerken, daß man:

1) weit eher nach der bloßen Klassifikation den Strohertrag vorher angeben kann, wenn die Düngung noch nicht genau bekannt ist, als den Körnerertrag. Auf letzteren wirkt die verbesserte Düngung in einem andern und günstigeren Verhältniß, als auf den Strohgewinn.

2) Es laßt sich nach der bloßen Klassifikation zwar die bisherige, aber nicht die künftig

*) Durch Anwendung des, bei dem Verhältniß von drei Theilen Stroh und einem Theile Heu passenden Multiplicators 2,3 (vergl. S. 497 f. der Annal.) welcher für merklich abweichende Verhältnisse wohl auf eine passende Weise modificirt werden könnte.

mögliche Düngung ausmitteln; diese, welche von dem hinzukommenden Heu und der einzurichtenden neuen oder in regelmäßigern Gang zu bringenden bisherigen Wirthschaftsart abhängt, ist jedoch zu wissen nöthig, wenn der künftige Brutto-Körnerertrag genau ausgemittelt werden soll.

3) Man kann die Düngung nur da allein und geradezu nach der Quantität von Stroh und Heu ausmitteln, wo durchgehends Sommerstallfütterung statt findet. In andern Fällen erreicht man auf diesem Wege nicht immer das Ziel. Es kommt dann nämlich sehr viel darauf an, ob für alles Vieh, oder nur für einen Theil desselben, brauchbare Weide vorhanden, und ob bei dem Mangel an Weide, die Gelegenheit zum Ersatz durch Futterkräuter günstig oder ungünstig ist; ferner, ob die Weide sich für Schaafe oder mehr für Rindvieh eignet; im letzten Falle wird in der Regel die Consumtion des Heues oder der Surrogate desselben, größer anzunehmen seyn. Das Verhältniß des producirten Düngers ändert sich indeß, je nachdem das Stroh mehr zur Einstreue oder mehr zum Verfüttern angewandt werden kann; ferner, je nachdem neben einer

reichen Weide, noch Futterkräuter die man zur Zugabe benutzt, gebauet werden, oder durch dieses Mittel nur der Mangel hinreichender Weide ersetzt wird. Bei zwei gleich klassificirten Aeckern kann die Düngung wegen solcher Nebenumstände in dem einen Falle noch einmal so günstig ausfallen, als im andern. Die separate Abschätzung der Weide oder der Wiesen würde allerdings neben der separaten Abschätzung des Ackers allemal ein auf generelle Regeln, die für das abgesonderte theoretisch richtig sind, gegründetes Resultat geben; doch in den meisten Fallen ein anderes, als das der Wirklichkeit, in welcher diese Ländereien combinirt sind, und deswegen einen nach der verschiedenen Modalität dieser Combinationen sehr abweichend höheren Ertrag gewähren, als sie einzeln hervorbringen könnten.

4) Es ist als richtig anerkannt, daß die bessern Bodenklassen mehr Kraftersatz durch das mehrere Stroh für den Dünger liefern, und daß die schlechteren weit weniger hervorbringen; wenn hiernach angenommen wird, daß einem jeden Acker das, was mit seiner Ertragsfähigkeit im gerechten Ver-

hältniß steht, durch Dünger zu ersetzen sey, so folgt, daß der reiche Boden, indem ihm noch ⅓ seines hohen Strohgewinns als nothwendige Zugabe in Heu zufließt, auch dann, wenn ihm in sechs Jahren fünf Erndten abgefordert werden (wie S. 499. der Annalen der L. vorausgesetzt wird) in den für die Vegetation günstigen Jahren gewöhnlich Lagergetreide geben wird; unterdeß auf dem armen, (S. 503) der nur ⅓ seines sehr geringen Strohgewinns in Heu zugegeben erhält, schlechte Erndten, und bei nicht fugsamer Witterung, Mißwachs unvermeidlich eintreten. Es scheint gar kein Grund vorhanden zu seyn, weshalb dem schwachen Boden, wenn ihm schon das entbehrliche Stroh des starken nicht als Beihülfe zugestanden wird, auch ein geringeres Heuquantum zur Bereitung des ihm nöthigen Düngers angewiesen werden soll. Es wäre besser, weder eine fixirte Quote, noch ein dergleichen Quantum anzunehmen; wenn man es aber ja thun will, so wird das Mißverhältniß nur um so auffallender, wenn man die im Ganzen als unbedingt nothwendig gesetzte Zugabe nicht nach der Fläche gleich vertheilt, sondern so, daß dem reichen Boden viel, und dem armen wenig zugewiesen wird.

5) Von separatem Futterkräuterbau auf der Ackerfläche, *) kann selbst bei den bessern Klassen des Weitzen- und Gerstenbodens, sobald, vermöge der Benutzung der halben Brache zum Erbsenbau, in 6 Jahren fünf Getreideerndten angenommen werden, **) nicht wohl, wenigstens nicht im ausgedehnten Maaßstabe, die Rede seyn, so lange nicht gartenmäßige oder derselben sich annähernde und für die Reinerhaltung des kräftigen Bodens (auch ohne Schwarzbrache) sorgende Kultur eintritt. Bei dem Gerstenboden zweiter Klasse ist aber daran, sobald die halbe Brache zu Hülsenfrüchten benutzt wird, wegen des hinzutretenden Mangels an Kraft, noch weniger, und bei dem Haferboden (auch bei der Voraussetzung von nicht mehr als 4 Erndten in 6 Jahren) ohne extraordinaire Düngerhülfe gar nicht zu denken. Es müssen also in allen Fällen natürliche Wiesen vorhanden seyn, oder

*) Woran Seite 505 der Annalen d. L. für den Fall, daß ein gehöriges Wiesenverhältniß nicht vorhanden sey, gedacht wird.

**) Wovon Seite 499 u. f. das Stroh berechnet ist.

künstliche gebildet werden; man wird aber gerade da, wo die Ackerfläche zu den letzten Klassen gehört, sich veranlaßt finden, für eine möglichst große Zugabe an Heu oder Surrogaten desselben zu sorgen, um die Erndten zu sichern, und wird sich keinesweges mit dem Seite 503 der Annalen d. L. für den Haferboden berechneten Dünger-Quanto (von 7670 Pfund für den Morgen, welches unten der Fuderzahl nach ausgedrückt wird,) begnügen können.

XIII.

(§. 35—38.) Die Fehler, welche die märkischen Taxationsprincipien in der Würdigung der ersten Klasse des Gerstenbodens begangen haben, fließen aus der Ansicht, daß man nicht vorzugsweise die Productionsfähigkeit, sondern die besondere Tauglichkeit des Bodens für eine oder die andere Getreideart zum Maaßstabe annahm. Die Productionsfähigkeit ist oft bei dem sogenannten Gerstenboden erster Klasse eben so groß, als bei demjenigen Weitzenboden, den man zur ersten Klasse zählt. Die Nothwendigkeit, Gradationen in diesen Gattungen anzunehmen, erweiset, daß es besser sey, mit der Annahme von Klassen und natürlich begründeten Gradationen den Anfang zu machen, dann aber zur näheren Bezeichnung anzuführen: welche sowohl Winter= als Sommerfrüchte darauf am besten gedeihen und zu bemerken, wie hoch der Ertrag jeder Getreidegattung sey, auf welchen man bei Voraussetzung einer gewissen Düngung, — einer reichen, mittlern oder geringen, — rechnen könne. Wenn man blos auf die Vegetationsunterstützung aus eigener Kraft rechnen wollte, so würde solche in sehr vielen Fällen, für eine verhältnißmäßige Düngung bei der Dreifelderwirthschaft, ganz unzureichend seyn. Die durch Wiesen sich ergebende Zugabe ist aber zu verschieden, um die Annahme eines Durchschnittssatzes zu gestatten; sie kann dem Haferboden leicht das Dreifache der ihm Seite 504 der Annalen d. L. zugewiesenen Düngung von 4 schwachen Fudern alle 9 Jahr, gewähren, und dieser Boden wird da, wo man demselben bei der Dreifelderwirthschaft nicht wenigstens das Doppelte geben kann, in den meisten Fällen kaum der Bearbeitung werth seyn. Sobald aber die, wegen mangelnder Wiesen schwache Düngung, durch 2 oder 3jährige Ruhe und Behütung unterstützt wird, so tritt an die Stelle der Dreifelderwirthschaft eine andere, für ein solches Local passendere. Hieraus erhellet, daß bei Boden von gleicher Ertragsfähigkeit durch die verschiedene Wirthschaftseinrichtung ein verschiedener Kraftersatz hervorgebracht, und darüber ohne Berücksichtigung der Localität nichts allgemeines festgesetzt werden kann. Die Vorschrift darf nur formell bleiben, wenn sie für eine Mehrheit von Fällen — (sey es auch in einem und demselben District) — allgemein gelten soll; materielle Bestimmungen können nur unter gewissen Voraussetzungen brauchbar, jedoch einer erweiterten Anwendung insoweit fähig seyn, als das Princip ihrer Modification in der formellen Norm gegeben ist, wie solches bei der preußischen Veranschlagungsinstruction zutrift.

Es ist nicht rathsam den Wirthschaftsplan auf Erndten, welche nur 2 Schfl. Bruttoertrag für den Morgen versprechen, zu gründen; wenn die als dreijähriges Roggenland benutzte Fläche im ersten Jahr 3 Scheffel giebt, bei der folgenden Erndte $2\frac{1}{2}$, und in den beiden letzten Nutzungen, welche in zwölf Jahren bei halber Düngung vorkommen, nur zwei Scheffel (Siehe S. 510. d. A.), so ist es — wie die Annahmen der erwähnten Instruction voraussetzen — besser, sie als sechsjähriges Land zu benutzen, indem alsdann vom Getreidebau der nämliche reine Ertrag von zwei Saaten sich erwarten läßt, als vorher von vier, und die mehrere und bessere Weide einen bedeutenden Ueberschuß für die Nutzung gewährt, zugleich aber auch vortheilhaft auf die Ackernutzung zurückwürkt.

XIV.

(§. 39 — 60.) Die Getreidepreise an sich, so wie ihre Verhältnisse unter sich, können nur nach den Hauptmarktplätzen mit Angemessenheit normirt werden. Die im §. 41. vorgenommene Berechnung des nach den märkischen Principien angenommenen Wirthschaftskorns und deren, Seite 565 befindliche Vergleichung mit speciellen, sehr sorgfältig angelegten Arbeitsberechnungen, zeigt im wesentlichen die Richtigkeit des in der preußischen Instruction dieserhalb angenommenen Princips, wonach bei dem Boden erster Klasse (und überhaupt bei höherm Körnerertrage) eine höhere Quote auf Wirthschaftskosten, als außerdem eingeräumt wird. Diese Quote ist auch nicht ohne vorgängige Berechnungen ausgemittelt, und nur nachdem man sie durch vielfältige Proben bewährt gefunden hatte, beibehalten worden. Jene Quote deckt jedoch nicht alle auf den Ackerbau sich beziehende Kosten, (daß die auf die Viehzucht ꝛc. sich beziehenden, anderweitig gedeckt werden müssen, wie nach den Anleitungen der erwähnten Instruction solches näher bestimmt wird, bedarf keiner Bemerkung); vielmehr werden die Unterhaltungskosten des Betriebsviehes separat angewiesen. Indem dies geschieht, wird die Hauptschwierigkeit gehoben, welche außerdem für die Berechnung der sämmtlichen Wirthschaftskosten des Ackerbaues nach einer Ertragsquote, dadurch entsteht, daß auf schwer zu bearbeitendem, nicht sehr fruchtbarem Boden, bei einem mäßigen Körnerertrage, mehr Betriebvieh erforderlich ist, als bei mildem, der einen höhern Körnerertrag gewährt.

Es verursacht ferner einen wesentlichen Unterschied, welche Gattung oder Gattungen von Betriebvieh in der zu veranschlagenden Wirthschaft gehalten werden, und welche Art des Anspannens und Wechsels üblich ist. Zum Betrieb des Ackerbaues gehört aber auch noch unzertrennlich jede Art von Unkosten, welche in Beziehung auf die Unterhaltung der dazu erforderlichen Gebäude, Geräthe, imgleichen der Aufsichtsgehülfen, bei langen Pachten dem Pächter obliegt. Es muß folglich dazu bei den speciell berechneten Wirthschaftskosten ein besonderer Ansatz gemacht werden, und in den für diesen Behuf ausgeworfenen Quoten ein dazu hinreichender Ueberschuß bleiben. — Dies trift zu bei den Annahmen der preußischen Instruction vom Jahr 1801, wonach blos für Neu- und Hauptreparaturbauten-Kosten anzuweisen übrig bleiben, zu deren Deckung, so wie zu Uebertragung größerer Unglücksfälle, nach Maaßgabe der in jedem konkreten Falle abweichenden Verhältnisse, bei eintretendem Verkauf gewisse Procente des Ertrages abgesetzt zu werden pflegen. — Nichts desto weniger kann man auf dem darin beobachteten, auf Grundsätzen beruhenden Wege, welcher den Pachtwerth angiebt, auch den relativen Werth der Grundstücke sehr genau ausmitteln, sobald, was sich überall von selbst versteht, bei den Prämissen mit der erforderlichen Genauigkeit verfahren worden ist.

(§. 61 — 65) Die vorstehende Bemerkung wird bestätiget, wenn man mit der im §. 65 Seite 576 der Annalen befindlichen interessanten Zusammenstellung des reinen Ertrages, wie sich solcher nach den märkischen und pommerschen Principien und nach der rectificirten Berechnung des Herrn Staasraths Thaer für den Morgen magdeburgisch jeder Klasse ergiebt die Resultate der preußischen Principien vergleicht, wobei eine von der vormaligen westpreußischen Krieges- und Domainen-Kammer im Jahr 1808 angelegte, von dem Gesichtspunkt einer sechsjährigen Düngung des regulair bestel ten Ackers ausgehende Berechnung zum Grunde gelegt wird. Es genügt für den Zweck, wenn diese Vergleichung hier nur auf die Resultate der in den Annalen d. L. befindlichen rectificirten Berechnung gerichtet wird, welche sechs Positionen angiebt, nämlich (nach brandenburgischen Groschen, 24 auf einen Rthlr. Cour. gerechnet) mit Weglassung der Pfennige,

a) 89 Gr. für den Weitzenboden 1tr Klasse und 70 Gr. für den Gerstenboden 1tr Klasse.
b) 51 Gr. für den Weitzenboden 2tr Klasse.
c) 45 — — — Gerstenboden 2tr —
d) 16 — — — Haferboden im Durchs.
e) 3 — — — Roggenboden — —

per Mrg. Magdb.

Unter a sind zwei Positionen zusammengebracht, weil 70 näher an 89, als an 51 steht, und es hier nur auf eine Vergleichung nach dem Maaßstabe der Ertragsfähigkeit der Bodenarten für den Getreidebau überhaupt (und ohne Berücksichtigung der Weidenutzung) ankommt, nicht nach dem, der besondern Tauglichkeit des Bodens zu gewissen Getreidearten. Es geht nun aus demjenigen, was vorhin in §. VI. bemerkt worden, bestimmt hervor, daß der hier unter b aufgeführte Weitzenboden zweiter Klasse sich unter den Bodenarten befindet, welche in der preußischen Instruction zur zweiten Klasse gezo=

gen sind; nicht minder, daß die unter a aufgeführten Gattungen darin zur ersten Klasse gerechnet werden. Die unter c bemerkte kommt mit der dritten, und die unter d aufgeführte, mit einer Hauptgattung der zur vierten Klasse gezogenen Bodenarten überein; die Vergleichung kann hiernach mit zureichender Bestimmtheit angestellt werden. Man wird dabei von dem Gesichtspunkt ausgehen müssen, daß den, nach der preußischen Instruction berechneten Durchschnittsresultaten, wobei wegen der Rücksicht auf Administrations- und alle diejenigen Unkosten, welche dem Pächter zufallen, Sätze die unter den Durchschnittsmarktpreisen stehen, zum Grunde gelegen haben: der Gleichstellung wegen, überall $33\frac{1}{3}$ pCt. oder $\frac{1}{3}$ zugeschlagen wird. (Diese Quote ist dem eigentlichen Verhältniß ganz entsprechend, weil dabei auf die früher den Generalpächtern aufgelegt gewesenen Nebenbedingungen Rücksicht zu nehmen ist; sie würde sonst nicht ganz so hoch angenommen werden können.) Es betragen die Resultate nach der preußischen Instruction für den Morgen Ackerland 1tr Klasse 56 Gr.; für den Morg. 2tr Klasse 38 Gr.; für den Morg. 3tr Klasse 26 Gr.; für den Morg. 4tr Klasse 16 Gr.; für den Morg. dreijährigen Landes (bei welchem eine andere, wie die sonst als Regel geltende Bestellung und Düngung eintritt,) 6 Gr.; für den Morg. sechsjährigen Landes 3 Gr.; für den Morg. neunjährigen Landes 2 Gr.

Wenn nun zu den vorstehenden Sätzen überall $\frac{1}{3}$ zugeschlagen wird, welches die Proportionen, auf deren Erwägung es eigentlich ankommt, nicht ändert, so ergiebt sich in ganzen Zahlen der Ertrag von

a) 75 Gr. im Durchs. für d. Magdb. Morg. 1ter Kl.
b) 51 — — — — — — — — 2ter —
c) 35 — — — — — — — — 3ter —
d) 21 — — — — — — — — 4ter —
e) 4 — — — — — — — — sechsjährigen Roggenlandes.

Es erhellt, daß bei b) eine völlige Übereinstimmung der Resultate beider Berechnungen statt findet, und diese Klasse gewährt auch, wegen der vollständigen Analogie in allen Voraussetzungen, welche den beiden Berechnungen zum Grunde liegen, den festesten Anhalt. Die Abweichung in den übrigen läßt sich ganz einfach aus der Verschiedenheit der Voraussetzungen erklären, nach welchen man im einen und im andern Fall den Plan der Berechnung angelegt hat. Die Abweichung bei a ist, mit dem Mittelsatz zwischen 70 und 89, welcher 79½ beträgt, verglichen, nicht sehr bedeutend; übrigens läßt sie sich erklären. Die nach der preußischen Instruction berechneten Mittelpositionen setzen überall eine gleichmäßige sechsjährige Düngung voraus, so wie sie in der Mehrheit der dort vorkommenden Fälle entweder statt findet, oder durch zweckmäßige Vorkehrungen *) (nöthigenfalls mit Verminderung der Getreideaussaat) erreicht werden kann, und so wie sie auch in den Annalen d. L. bei dem Weitzenboden 2tr Klasse als überall möglich vorausgesetzt wird. Dagegen ändern sich zufolge der preußischen Instruction in den einzelnen Fällen, da wo die Düngung schlechter oder besser ist, die angenommenen Resultate allezeit, was denn auch auf den komparativen Werth der einzelnen Klassen einen sehr wesentlichen Einfluß äussert. Die rectificirte Berechnung in den Annalen, setzt aber ökonomisch keine gleichmäßige Düngung durch alle Klassen, sondern in der ersten Klasse eine bessere voraus, als in der zweiten; in dieser eine bessere als in der dritten u. s. w. Dies, oder mit andern Worten: daß der ersten Klasse ein größeres Quantum Heu zur Düngung zugegeben wird, als der zweiten, begründet ihre höhere, und man darf wohl sagen,

*) Z. B. durch (mit der Düngung abwechselnde) Mergelung da, wo Gelegenheit dazu statt findet.

komparativ zu hohe Taxation. Denn eingeräumt, daß dem Acker alles Stroh, was er erzeugt, wiedergegeben werden müsse, so hat der bessere Acker, darum, weil er mehr Stroh producirt, wenigstens kein Recht, neben jenem hohen Product auch noch ein höheres Heuquantum in Dünger verwandelt zu erhalten, als der weniger gute, der schon deswegen zurücksteht, weil er weniger Stroh producirt. Es wäre eher, wenn man auch von dem Princip der ökonomischen Rathsamkeit: auf gleichmäßige Erträge in verschiedenen Feldern hinzuwirken, — abstrahiren, und nur nach dem vorausgesetzten gerechten Anspruch ausgehen wollte, angemessen, dem Boden zweiter Klasse etwas mehr Heu (in Dünger verwandelt) zuzuwenden, weil er der Zugabe mehr, als der Boden erster Klasse bedarf; auf alle Fälle scheint es aber an Gründen zu fehlen, weshalb demselben weniger zugetheilt werden soll. Dem sey indeß wie ihm wolle, so geht deutlich hervor, daß beide Rechnungen für sich betrachtet, gleich sorgfältig angelegt und richtig, die Abweichungen aber leicht zu erklären sind.

Der nämliche Grund, die verschiedene Regulirung der Heuzugabe, bringt bei d (der vierten Klasse) das umgekehrte Resultat hervor, daß sie sich nämlich nach der preußischen Berechnung höher stellt, als nach der in den Annalen d. L. Es folgt dies blos daraus, daß in der letzteren Berechnung eine sehr schlechte Düngung vorausgesetzt wird, bei welcher selbst der angenommene Ertrag von 16 Gr. pro Morgen wegen der häufig zu besorgenden Mißerndten mit Sicherheit kaum anzunehmen seyn möchte; dagegen die preußische Instruction von dem Gesichtspunkt ausgeht, daß solche Maaßregeln genommen werden müssen (sey es durch Schlagwirthschaft oder auf andere Weise), einen Düngungsstand, welcher vor häufigen Mißerndten sichert, zu erreichen.

Der Grund, weshalb die dritte Klasse nach der Berechnung der Annalen d. L. einen beträchtlich höhern Ertrag gewährt, als nach der preußischen Instruction, ist ebenfalls einleuchtend. In der Berechnung der Annalen d. L. wird auch bei dem Gerstenboden zweiter Klasse (dem Boden dritter Klasse nach der preußischen Instruction) Rundgetreidebau in der halben Brache vorausgesetzt. Diese Voraussetzung kann aber nur bei einer reichen Düngung, ohne Nachtheil der übrigen Saaten realisirt werden; wenn man sie, als in der Mehrheit der Fälle nicht mit Sicherheit ausführbar, schwinden läßt, — wie solches wenigstens insofern geschehen müßte, als nicht etwa unter Gerstenboden zweiter Klasse etwas besseres verstanden werden sollte, als die preußische Instruction unter dem Begriff „Land dritter Klasse" versteht *), so würde auch in Hinsicht auf c eine ziemlich genaue Übereinstimmung in den Resultaten beider Berechnungen sich ergeben. Was e betrift, so ist zu bemerken, daß die in den Annalen d. L. befindliche Berechnung vom Werth des Roggenlandes, durch den Satz von 3 Gr. $3\frac{1}{2}$ Pf. eigentlich den Durchschnitt vom Werth des sechs- und neunjährigen Landes angiebt (exclusive des Nutzens von der Weide); dieser Durchschnitt kommt nach den Sätzen der preußischen Instruction mit dem Zuschlage von $\frac{1}{3}$ auf $3\frac{1}{3}$ Gr., folglich fast ganz genau eben so hoch zu stehen. Das Land welches in Preußen mit dem Namen des dreijährigen bezeichnet wird, ist von etwas besserer Qualität.

XV.

(§. 66.) Nach den vorstehenden Bemerkungen ergiebt es sich, daß es wenigstens noch immer einer Frage unterworfen werden kann, ob das Werthsverhältniß der Ackerklassen, so wie

*) Oder als Marshall durch „light sandy loam" bezeichnet.

es in den Annalen d. L. angegeben ist, am angemessensten gestellt sey?

Die Beantwortung dieser Frage wird aber vorzüglich von der Annahme oder Verwerfung des, in den Annalen d. L. als Axiom angenommenen Princips abhängen, daß jeder Boden nur den Dünger erhalten dürfe, und beziehungsweise allen den Dünger erhalten müsse, der im directen Verhältniß mit seiner eigenen Kraft steht. In dem Fall, daß man jenes Axiom nicht überall anwendbar fände, wird man einen landüblichen mittlern Durchschnittssatz der Düngung zum Grunde legen müssen, der auf alle Klassen (allenfalls mit der Modifikation, daß einer jeden das Stroh, welches sie liefert, durch verhältnißmäßige Zugabe oder Abzug ohngefähr zu ersetzen bliebe) gleich angewandt wird. Man würde folglich in einer, übrigens analog wie in den Annalen d. L. anzulegenden Berechnung, überall (mit Ausnahme des drei- und sechsjährigen Landes, wobei der Hürdendünger der Schaafe *) zureicht, für die gleiche Fläche

*) Für diesen liefert es seinen Strohertrag, der weder in der Rauchfutterberechnung, noch in der Düngungsnachweisung der preußischen Instruction mit in Ansatz kommt; weil angenommen wird, daß diesem Lande nur für das Stroh, welches dasselbe

ein gleich großes Gewicht an Heu zuzulegen, und das fernere dem gemäß abzuandern haben. Da wo dies in der Wirklichkeit nicht zu realisiren, und z. B. nur die Hälfte des nöthigen Heues vorhanden ist, muß man die fehlende Düngung, wenn die besseren Methoden (der Stallfütterung und Wechselwirthschaft) nicht anwendbar wären, durch längere Ruhe mit Behütung ersetzen.

(§. 67. 68.) Die Bemerkung, daß der Gerstenboden erster Klasse über dem Weitzenboden zweiter Klasse steht, obgleich es bisher nicht so angenommen worden, ist sehr gegründet, beweiset indeß das Mangelhafte der bisherigen märkischen Principien, und den Vorzug der für Ost- und Westpreußen gegebenen Instruction, die nicht der Observanz folgte, sondern der Natur der Sache. Eben so wahr, aber auch in der gedachten Instruction anerkannt, ist es, daß der Weitzenboden zweiter Klasse (die Bodengattungen *f* und *h* der Anmerk. 9 S. 19) in seiner Abstufung nicht zum Boden dritter Klasse (der ꝛc.

producirt, ein Ersatz, aber nicht auf Kosten besserer Ländereien irgend eine Zugabe gewährt werden darf, indem es einen solchen Vorschuß von Kapital nicht auf eine gleich vortheilhafte Weise zu ersezzen vermag.

Instruction), sondern zur vierten Klasse (dem sogenannten Haferboden,) übergeht.

(§. 70. 72.) Was diesen Haferboden betrift, so wird derselbe, wenn Erbsen darauf gedeihen, auch Weitzen tragen können, sobald ihm nur der gehörige Dünger gegeben wird, wozu in allen den Fällen, wenn mit solchem lehmigen naßkalten Boden bedeutende Wiesen verbunden sind, die günstigste Gelegenheit statt findet. Dann wird die Taxation (Veranschlagung) den niedrig bonitirten Boden mit gutem Grunde höher ansprechen können.

Über das auf die Höhe von 36 zu 1000 im §. 71. der Annalen d. L. angegebene Kornertragsverhältniß vom schlechtesten dreijährigen Roggenlande, verglichen gegen den besten Weizenboden, ist schon oben (§. XIV. am Schluß) das Nähere bemerkt worden. Wenn das Resultat nicht günstiger ausfällt, so ist bei einer Nutzung die alle 3 Jahre statt findet, die Arbeit und der Regel nach auch der Dünger verschwendet, und es ist rathsamer, den Boden als sechsjähriges Land zu behandeln; wobei nicht nur die Weidenutzung bedeutend ist (Vergl. §. 74. S. 585 d. Annalen d. L.), indem in 12 Jahren, acht Dreeschweiden eintreten, sondern überdies der Boden auch ohne besondere Düngung nicht so leicht ganz erschöpft wird, — wenn aber dieser Fall eintritt, die kleinere zur Saat bestimmte Fläche, mit minderer Schwierigkeit durch Hürdenschlag unterstützt werden kann. —

XVI.

(§. 73 -- 75.) Es sind hier mit Bezugnahme auf die in den Grundsätzen der rationellen Landwirthschaft befindliche nähere Auseinandersetzung, Bemerkungen über den Werth der Dreesch-, imgleichen der Brach- und Stoppelweide aufgestellt, die an und für sich nicht wesentlich von der Annahme der preußischen Instruction, und dem darauf gegründeten praktischen Verfahren abweichen, worin jedoch, sowohl in Ansehung der Sätze selbst, als ihrer Verhältnisse gegen einander, besondere Rücksicht auf die Localität genommen wird.

Es ist aber in Hinsicht der Veranschlagung des Ackers hier anzuführen, daß nach Maaßgabe des §. 31. (Vergl. Nr. XI.) eben so wie dort angenommen wird, daß dem Vieh neben dem Rauchfutter, welches der Acker liefert, zur Durchwinterung noch eine Zugabe von Heu gebühre, die dort nach einem gewissen Verhältniß näher bestimmt worden ist, auch für die Erhaltung durch den Sommer eine gewisse Quantität

Weide als erforderlich anzurechnen seyn würde. Es scheint daß solche, um ganz consequent zu bleiben, auch nach einem gewissen Verhältniß zu der mit Dünger zu versehenden Ackerfläche als nothwendige Voraussetzung ausgeworfen werden müßte, weil sonst, da auf Stallfütterung nicht allgemein zu rechnen ist, auch bei der dort angenommenen halben Brachnutzung, dazu sehr oft nicht genug gehörig qualificirtes Land übrig bleiben dürfte, der erforderliche Viehstand nicht vollständig gehalten, und dem Acker der ihm gebührende Dünger nicht gegeben werden könnte.

Bei der Methode, welche die preußische Instruction befolgt, kommt es indeß auf dergleichen Voraussetzungen gar nicht an, indem dabei stets die Eintheilung der zu Gras und Weide, ingleichen zu Getreide auszuwerfenden Ländereien, nach den Bedürfnissen der Localität regulirt wird, wobei man auf den Abzug der, für denjenigen Theil des Betriebviehes, der nicht über Sommer auf dem Stall gefüttert wird und für das Deputantenvieh, erforderlichen Weide Rücksicht nimmt. Die Stoppelhütung wird in der gedachten Instruction nicht besonders angeschlagen, sondern nur als Ergänzung der gegen diese Zeit gewöhnlich schon im Nachwuchs weniger ergiebigen Dreesch- und Brachweiden, imgleichen der zur Sommerstallfütterung bestimmten Kleebreiten, bei denen sonst durchgehends geräumigere Sätze angenommen werden müßten, berücksichtiget. Der Grund weshalb dies geschehen, ist der, weil auf eine ausgedehnte Stoppelhütung, ohne damit im Verhältniß stehende Brach- und Separatweiden — oder zur grünen Maht bestimmte Futterfelder — die in der ersten Hälfte des Sommers benutzt werden können, doch kein Viehstand zu veranschlagen seyn würde. Der Geldwerth der bonitirten Weiden für sich betrachtet, wird übrigens stets am sichersten aus dem Betrage desjenigen Theils der in der Gegend möglichen reinen Nutzung von der, dem Lokal angemessenen Viehgattung zu entnehmen seyn, welcher auf die Sommermonathe fällt, und es geben auch hier die vier Hauptrücksichten der Werthschätzung des Bodens: Größe, Qualität, Lage, und dem Verhältniß angemessene Wirthschaftsart, die Entscheidung.

(§. 76.) Es ist sehr klar, daß das Werthsverhältniß der Bodenarten gegen einander sich merklich verändert, wenn die privative Weide, welche sie gewähren, hinzugerechnet wird, besonders wenn darunter Dreeschweide vorkommt.

Indeß erhellet aus dem vorhin gesagten, daß man zu dieser Kenntniß nicht füglich durch generelle Annahmen gelangen kann, weil die Lage und die Wirthschaftsart auf den Ertrag der Weide noch mehr Einfluß äußern, als auf den vom Getreidebau. (So ist z. B. die Winterweide auf der Saat nur da, wo man Schaafe hält, von Werth; sie wird da in der Regel bei den Sätzen mit berücksichtiget, welche man für den Winterfutterbedarf der Schaafe auswirft.)

Nichts desto weniger kann die Ausmittelung in jedem einzelnen Falle ohne Schwierigkeit erfolgen, und die der Dreesch- und Brachweide ist überall erforderlich, wo der komparative Werth der Aecker genau ausgemittelt werden soll. Doch zeigen die Werthsangaben, Seite 587. der Annalen d. L., wonach der beste Weitzenboden durch den Zusatz des gesammten Weidewerths von 1000 auf 1061

der beste Gerstenboden eben dadurch . . .	—	800	—	849
der mittlere Haferboden	—	300	—	346
das beste dreijährige Land	—	80	—	139

gehoben wird, wie sowohl der absolute, als besonders der komparative Zusatz bei dem besten

Weitzen- und Gerstenboden (oder dem Lande erster und zweiter Klasse) wobei gar keine Dreeschweide vorausgesetzt worden, nicht von Erheblichkeit sind; dagegen bei dem Haferboden und dem dreijährigen Lande, wo Dreeschweiden vorkommen (und zwar bei dem ersten alle neun Jahr eine, bei dem letzten alle drei Jahr eine) die Werthsverhältnisse sich ungemein ändern. Es ergiebt sich von selbst, daß dieses Resultat sich in einem noch stärkeren Grade bei dem schlechten dreijährigen, oder eigentlicher: sechsjährigen Lande äußert, wo in sechs Jahren vier Dreeschweiden statt finden. Allein es ist noch zu bemerken, daß die Werthssteigerung bei diesen schlechten Bodengattungen durch das Hinzurechnen des Weidewerths deswegen in der Wirklichkeit noch auffallender ausfällt, als es die obigen Zahlen andeuten, weil man in der Berechnung der Annalen d. L., wodurch die Zahlen 1000, 800, 300 und 80 ausgemittelt worden sind, die Abzüge, deren vorhin (No. XIV.) erwähnt worden, nicht vorgenommen hat.

Gesetzt nun, daß man diese, vielleicht 20 bis 25 Procent betragenden Abzüge, überall mit $\frac{1}{4}$ in Anrechnung kommen ließe; so folgt hieraus, da keine gleiche Gründe obwalten, von den

Zuschlägen die in Rücksicht auf die Weidenutzung geschehen, eben so hohe Abzüge zu machen, daß verhältnißmäßig in dem Werth des drei- und besonders in dem des sechsjährigen Landes, der Antheil, welchen die Weidenutzung darin einnimmt, bei weitem das Uebergewicht hat.

XVII.

(§. 77.) Es ist für die praktische Anwendung nützlich, das Schwanken des Werths der in eine Klasse und in eine Unterabtheilung gesetzten Bodenarten nicht zu groß ausfallen zu lassen, indem der verständige Bonitirer sonst genöthigt seyn würde, sich selbst, zu Erleichterung seines Verfahrens, Mittelsätze da aufzusuchen, wo die allgemeinen einen zu unbestimmten Spielraum lassen. Besonders wird er dazu dann genöthigt seyn, wenn man den komparativen Werth genau angeben will, da es, um zwei Größen zu vergleichen, nöthig ist, jede möglichst bestimmt zu bezeichnen, und man wird daher gut thun, alle Hauptabstufungen in den allgemeinen Grundsätzen anzugeben Es versteht sich, daß in den einzelnen Kreisen häufig Modificationen

der

der, in den generellen Anleitungen geschilderten Bodenarten vorkommen werden *); indeß wird man sie der Regel nach für den Zweck der Taxation (welche jedoch allemal nähere Bekanntschaft mit den Distriktsverhältnissen voraussetzt,) bei der Bonitirung auf eine der Hauptgradationen ganz, oder auf mehrere getheilt zurückführen können, wenn dies auch in der Beschreibung des Bonitirungsregisters nur durch Annäherung an die generellen Bestimmungen, möglich seyn sollte. Es wird nämlich oft der Fall eintreten, daß zwei in der Beschreibung der Bestandtheile nicht genau übereinstimmende Bodenarten, sich doch im Reinertrage ziemlich gleich kommen. Wenn der Landschätzer diese Ueberzeugung im Bonitirungsprotocoll begründen kann, so läßt sich nichts gegen die Aufnahme einer solchen Bodenart in eine gewisse Klasse und Unterabtheilung erinnern, wenn auch dabei

*) Noch häufiger werden aber die in der Taxation zu berücksichtigenden Modificationen der Lage (z. B. an einem Gebirge, an der See,) imgleichen der Wirthschaftsart, (z. B. statt findende Kultur von Handelsgewächsen,) vorkommen, und Steigerungen oder Ermaßigungen begründen.

******

nicht alle charakteristischen Hauptmerkmale der letztern angetroffen werden möchten. Auf diese Weise bleibt neben dem Anhalt einer festen Norm in den Grundsätzen, für den Bonitirer derjenige Spielraum, welcher erforderlich ist, weil unmöglich alle Fälle, die in der Natur vorkommen, sich in den generellen Beschreibungen erschöpfen lassen.

XVIII.

(§. 78). Es ist sehr wahr, daß bei der Taxation oder eigentlichen Veranschlagung (nicht bei der Bonitirung), die Entfernung des Grundstücks vom Wirthschaftshofe eine wichtige Rücksicht ist; (man vergleiche Seite 28 und 29 der folgenden Übersetzung). Allein schon dieser einzige Umstand (andere sind ebendaselbst Seite 21 — 31 bemerkt,) zeigt, daß die komparativ richtige Abschätzung von Ackerparcelen, für sich betrachtet, und ohne Beziehung auf ein gegebenes Ganze einer Wirthschaft, zu dem sie als Theile gerechnet werden, nicht in allen Fällen genügend ist. Denn es leuchtet ein, daß z. B. bei einem Dorfe, welches von A bis C eine halbe Viertelmeile lang ist, eine Ackerparcele B, welche nicht weit von A liegt, für den daselbst wohnenden Wirth, einen bei weitem höhern Werth hat, als für den, welcher in C wohnt. Es ist aber die daraus hervorgehende Verschiedenheit bei weitem nicht die einzige, und um alle durch die Lage und sonstigen Umstände sich ergebenden Unterschiede zu berücksichtigen, giebt es, außer dem empirischen Takt, welchen gescheute und geübte, mit Distriktsbekanntschaft ausgerüstete Landwirthe (in ihrem dunkeln Gefühl) haben, kein anderes Mittel, als die Aufnahme eines Anschlages, welcher ein ganzes gegebenes Wirthschaftsverhältniß von einer solchen Größe umfaßt, daß die Verwendung der vollen, auf die Wirthschaft gerichteten Kräfte, mit dem Zweck im richtigen Verhältniß steht *). Wo es indeß nicht auf die höchste Genauigkeit ankommt, wird man zwar nicht auf jeden einzelnen Fall das Verfahren einer förmlichen Veranschlagung

*) Da diese Voraussetzung bei kleinen Bauerwirthschaften der Regel nach nicht eintritt, und der Ueberschuß der Kräfte da gewöhnlich auf Nebenverdienst gerichtet wird, wobei nur die Industrie entscheidet, so findet man dort separate Anschläge nicht anwendbar.

anwenden dürfen; aber man wird nur aus vollständigen Normalanschlägen, die unter Voraussetzung bestimmter Wirthschaftsarten für gewisse Distrikte gelten können, die generellen Sätze abzuleiten und auf die Resultate der Bonitirung, welche in jedem einzelnen Falle nothwendig bleibt, anzuwenden haben. Die bei dieser Anwendung nöthigen Modificationen, (wie z. B. die oben angeführte, worauf der §. 78 leitet), werden dann leichter hinzugefügt werden können, indem die Hauptumstände der Lage und des Wirthschaftszustandes dann schon berücksichtigt sind.

XIX.

(§. 79.) Die Veranlassungen, welche zu dem Entstehen des schätzbaren Aufsatzes Gelegenheit gaben, dessen nähere Ausführung und Ergänzung der märkischen Taxationsprincipien, mit den Grundsätzen der für die Domainen von Ost- und Westpreußen im Jahre 1801 (zu eben der Zeit als man dort mit Aufhebung der Frohndienste vorgieng,) erschienenen Veranschlagungsinstruction zu vergleichen, hier versucht ist, werden vielleicht seine im §. 78 angekündigte Fortsetzung, wenigstens späterhin zur Folge haben. Es wird dann der Gegenstand, welcher auch ohne die, ihn besonders interessant machende Anwendung auf Beförderung eines raschern, allgemeinern Fortschritts der Gemeinheitstheilungen, immer für alle Freunde der Landwirthschaft wichtig bleibt, wahrscheinlich aufs neue erwogen werden. Sollte man dann in den hier niedergelegten, zunächst durch die Aufforderung des §. 79 veranlaßten Bemerkungen, einiges finden, was bei einer vollständigen Bearbeitung des Gegenstandes benutzt werden, was zur klaren Bestimmung und zur consequenten Verfolgung des Zwecks beitragen könnte, so wird darin eine Entschuldigung wegen derjenigen Mängel liegen, welche in denselben noch angetroffen werden möchten.

XX.

Es scheint nicht unangemessen, am Schluß dieser, die Werthschätzung des Bodens betreffenden Erörterungen, einiges über den Gegenstand im allgemeinen hinzuzufügen. Man hat oft behauptet, es beruhe das ganze Geschäft auf schwankenden Grundlagen, und es sey ein vergebliches Bemühen, feste Regeln darüber aufstellen zu wollen. Man hat ferner, insofern als man die Möglichkeit solcher Regeln einräumte, ihre Anwendung für ein mechanisches, den höheren Forderungen des Geistes widerstrebendes Geschäft gehalten.

Wenn jenes oder auch nur dieses wahr wäre, so würde das Studium des Gegenstandes nicht der Mühe werth seyn. Indeß wird es wohl sehr leicht seyn, das Interesse dieses Studii zu zeigen, und es wird dem, der es gewonnen und die nöthigen Beobachtungen mit Sorgfalt angestellt hat, nicht lange zweifelhaft bleiben, ob es möglich sey, für gegebene feste Voraussetzungen, feste Regeln als gültig aufzustellen, imgleichen für anderweitige feste Voraussetzungen, neue Regeln zu erfinden. Das eigentliche Interesse des Veranschlagungsgeschäfts besteht nicht sowohl darin, den Werth von Ackerflächen, den sie nun einmal zu der gegebenen Zeit, an einem gegebenen Orte haben, zu berechnen, oder nach dunklem Gefühl vielleicht noch genauer geradezu anzugeben, sondern es liegt darin, daß man in jedem einzelnen vorkommenden Falle, unter mehreren möglichen Combinationen diejenige herauswählt, welche bei vorausgesetzter Anwendung freier Kräfte, (worüber man nur da gebieten kann, wo es keine Frohn- und Zwangsdienste mehr giebt,) den sichersten, bequemsten und nachhaltig höchsten Wirthschaftsertrag liefert *): folglich die Art der Einrichtung und des Wirthschaftssystems, welche für den Zweck die passendste ist, in Anwendung bringt. Zu diesem Theil des Geschäfts gehört mehr, als durch mechanische Kraft geleistet, und mehr als durch Wissenschaft, welche jedoch die Grundlage bildet, erlernt werden kann. Hier und in allen den Fällen, worin der Landwirth den Boden so behandelt, wie der Diätetiker den organischen Körper, erscheint er als Künstler, der freien Anwendung der allgemeinen Regeln sich überlassend, welche ihn nur negativ beschränken, Abwege vermeiden lehren, nicht positiv ihm die Bahn vorzeichnen. Es ist daher nicht jeder zum Landwirth, im höheren Sinne des Worts, geeignet. Eine Richtung des natürlichen Talents ist dazu erforder-

*) Eben dadurch werden die Mittel zur Erhaltung jener selbstständigen Kräfte gewährt, worauf in gewissen Beziehungen die des Ganzen beruht.

lich, ohne welche zwar (bei statt findenden allgemeinen Anlagen,) ein Lehrgebäude aufgefaßt, und der handwerksmäßige Theil der ausübenden Landwirthschaft erlernt, nicht aber die Fähigkeit erlangt werden kann, welche sich bei gehöriger Anleitung und selbstthätiger freier Uebung, der Kunst ähnlich entwickelt, und zu Erfindungen von zweckmäßiger Anordnung, die an für sich ein Gefallen erregen, so wie zu tiefern Blicken in die physischen Einwürkungen führt, um deren Bekämpfung oder weise Benutzung sich das ganze Geschäft dreht. Man darf wohl Kunst im realen Sinne des Worts — d. h. bei einer solchen freien Anwendung der geistigen Kräfte, die zunächst nicht auf Einheit, sondern auf Mannigfaltigkeit gerichtet ist — als erforderlich annehmen, zu allen Productionen, wozu Fleiß neben allgemeinen Anlagen des Geistes nicht ausreicht, sondern worin nur eine bestimmte Fähigkeit — ein besonderes Talent — das Ungewöhnliche leistet.

Hiernach wird sich auch im realen Gebiet, Wissenschaft nicht über die Kunst, so wenig als diese über jene erheben dürfen; eine bedarf der andern.

Man hat auch öfters behauptet, auf das System käme es in der Landwirthschaft gar nicht an, die Industrie allein entscheide; man ist zuweilen so weit gegangen, den Satz aufzustellen: ein System sey immer und selbst dann absolut schädlich, wenn es, frei von übereilter Anwendung genereller, nur bei gewissen, selten vollständig zutreffenden Voraussetzungen, ganz anwendbarer Theorien, genau für den konkreten Fall berechnet wäre. Es gleicht dieser Einwurf dem, welchen Pope gegen die vorzügliche Zweckmäßigkeit sorgfältig organisirter Staatsverfassungen gemacht, den aber schon Hume siegreich widerlegt hat. Es ist zwar augenscheinlich, daß eine schlecht organisirte, jedoch gut administrirte Wirthschaft (ähnlich einem unter gleichen Bedingungen existirenden Staate), bessere Resultate gewähren wird, als eine solche, die nach dem, für das Local und die Zeit am sorgfältigsten angepaßten, und zu jedem nöthigen Uebergange geeigneten System eingerichtet ist, aber schlecht administrirt wird. Allein es läßt sich wohl nicht verkennen, daß bessere Formen der Einrichtung, nicht nur eine gute und vorzüglich gewinnvolle Administration unendlich erleichtern, sondern auch die Misbräuche und

Vernachlässigungen einer schlechten, entweder von der einen Seite minder nachtheilig, oder von der andern so leicht wahrnehmbar machen, daß man bald darauf aufmerksam wird, und den Fehler zeitig genug verbessern kann.

Inhalt der ersten Abtheilung

welche Marshall's Bemerkungen über die Erwerbung des Landeigenthums und über die Entwässerung der Ländereien umfaßt.

Seite

Erstes Hauptstück.

Von der Schätzung und dem Ankauf der Ländereien.

Seite

Zweites Hauptstück.

Von der Verbesserung der Landgüter im allgemeinen.

Von
der Werthschätzung,
dem Ankauf
und der
Entwässerung der Ländereien.

Erläuternde Ansicht des Gegenstandes.

Das Eigenthum, welches dem rohen Naturzustande nicht angehört, ist eine der schätzbarsten Erfindungen des menschlichen Geistes. Man betrachte die Menschheit auf einer jeden Stufe der civilisirten Verbindungen, und der hohe Werth des Eigenthums wird immer deutlicher erkannt, man wird gewahr werden, daß die darauf sich beziehenden Anordnungen eben so wichtig sind, als diejenigen, welche Freiheit und Leben betreffen.

Diese Anordnungen sind indeß, da sie ihre Entstehung öfters dem bloßen Zufall verdanken, und da auch die besten doch nur Menschenwerk waren, unvollkommen und eben so verschieden als die civilisirten Verbindungen selbst: indem eine jede Nation ihren eigenen

Gesetz-Codex und ihre eigenen Anordnungen im Betreff der verschiedenen Gattungen des Privateigenthums hat.

Grundeigenthum ist die Basis, auf welcher eine jede andere Gattung des materiellen Eigenthums ruht: darauf allein, möchte man sagen, kann das menschliche Geschlecht leben, weben und seyn.

In England wird das Grundeigenthum zwar durch die Verfassung und die Landesgesetze hinreichend bestimmt und geschützt. Aber durch die unterschiedenen Veränderungen, welche in unsern Gesetzen und der Verfassung statt gefunden haben, veranlaßt durch die Eroberungen und Revolutionen welchen das Königreich ausgesetzt gewesen ist, besteht dessen Grundeigenthum heutiges Tages aus mannigfaltigen Arten, und die sich darauf beziehenden Gesetze und Anordnungen sind ohne Zahl.

Diejenige Gattung des Eigenthums indeß, welche gegenwärtig auf den Grund und Boden von England Bezug hat, läßt sich kurz auseinandersetzen. Man kann sie schicklich in zwei Hauptabschnitte theilen: — nämlich, in mit Besitz verbundenes Eigenthum, oder den wirklichen Besitz der Ländereien und deren Zubehörungen, und in abgesonderte Rechte, welche aus jenem entspringen [1]).

1) Der Verfasser verweiset diejenigen, welche in den Gegenstand tiefer eindringen wollen, auf Sir *W. Blackstone's* Commentaries on the Laws and Constitution of England. In der hier folgenden Uebersetzung sind solche deutsche Ausdrücke gewählt, die mit den im Blackstone erläuterten englischen Bezeichnungen entweder genau übereinkommen, oder doch das wesentlichste davon andeuten.

Mit Besitz verbundenes Eigenthum umfaßt:

Den Boden, oder die Ländereien selbst.

Die Mineralien und Foßilien welche der Boden bedeckt.

Die Gewässer, welche damit zusammenhängen.

Das Gehölz, und die Vegetabilien, welche er hervorbringt.

Die Gebäude, Befriedigungen u. s. w. welche darauf errichtet sind.

Abgesonderte Rechte; dahin gehören:

Lehnsherrliche Rechte (Seigniorial rights), als Bekenngelder (chief rents) ꝛc.

Gutsherrliche (manorial) [2], als der Canon genannt quitrent, Laudemien oder Handlohn (fines) ꝛc.

Verjährungsmäßige, als Gemeinheitsrechte.

Aus Reallasten entstehende Rechte, wie der Zehnte; und Rechte auf Kirchspielsabgaben, wie die Armentaxe.

Zu diesen könnte man noch die Patronatsrechte, so wie die zu Mitwirkung bei Parlementswahlen zählen, indem sie nicht selten mit Landeigenthum verknüpft sind.

Es ist einleuchtend, daß wegen jener abgesonderten Rechte das mit Besitz verbundene Eigenthum eine fer-

2) S. 32 wird etwas Näheres von den manorial courts (Höfen der landsäßigen Güter) erwähnt. (Man vergleiche: Staatsverfassung Großbritanniens vom Geheimen Rath Schmalz, Cap. 2.) Quitrents sind geringe Geldabgaben, ursprünglich auferlegt zum Zeichen der Anerkennung der frühern Lehnsherrlichkeit und des bleibenden direkten Eigenthums (Obereigenthums) des Lords.

nere Zergliederung erleidet, und noch mehrere besondere Unterscheidungen dabei vorkommen.

Wenn Ländereien sich im unbeschränkten und vollen Besitz befinden, ohne eine andere Obergewalt, als die Verfassung und die Landesgesetze, so nennt man sie freisäßige Güter (freehold); ein Ausdruck, welcher an sich noch fernere Unterscheidung zuläßt.

Wenn darauf dir Obliegenheit zu regelmäßigen, feststehenden jährlichen Zahlungen, jedoch unter ihrem Ertragswerthe lastet, ohne daß sie übrigens zu den Leistungen des Laudemii (fine), des Heergewettes (heriot), oder der Verwirkung (forfeiture), verpflichtet sind, so nennt man sie Erbzinsgüter (fee farmhold) [3]; — oder es sind Güter, welche sich in einem andern untergeordneten Besitzstande befinden.

Wenn sie einem Oberherrn zustehen, als Theil von einem Regale, einer Schutz- oder Gerichtsherrlichkeit und zu Handlohn oder zu andern Gefällen, bei Gelegenheit von Todesfällen, Besitzveränderungen oder sonstigen Gelegenheiten, verpflichtet sind, so nennt man sie Dienst-Zinsgüter oder Meiergüter (copyhold) [4]; sie sind den

3) Fee farmhold nähert sich am meisten dem Begriff den das Allg. Landrecht durch Erbzinsgut, freehold dem welchen es durch gemeines Zinsgut (bonum censiticum) — schlechtes Zinsgut — (womit nach deutschem Recht das volle Eigenthum verknüpft ist), ausdrückt.

4) Die Dienste sind bei diesen Gütern im Fortschritt der aus der englischen Verfassung hervorgegangenen Cultur längst gegen Geldzins durch freie Übereinkunft reluirt worden. — Selchow sagt in seinen Elementis juris germanici privati

alten Gewohnheitslasten unterworfen, welche bei dem Regale, der Schutz- oder Gerichtsherrlichkeit, von welcher sie beziehungsweise Theile sind, gelten.

Wenn sie durch ein specielles Übereinkommen für einen bestimmten Zeitraum, entweder von Leben, oder Jahren besessen werden, so befinden sie sich im Pachtrechtsbesitz (leasehold); wobei folgende Unterscheidungen statt finden:

Langer Pachtrechtsbesitz, (Long l. h.) — als für hundert Jahre.

Lebens Pachtrechtsbesitz (Life l. h.) — mit einem bestimmten Laudemio (Handlohn), oder unter gewissen Beschränkungen im Fall der Erneuerung.

Lebens Pachtrechtsbesitz mit einem bestimmten Laudemio, zahlbar an den Eigenthümer, oder sonstigen Oberherrn, welcher sich bloß eine sogenannte Conventionalrente *) vorbehalten; indem nämlich der

(Goettingae 1795) §. 397: Inter denominationes ex natura contractus colonarii natas eminet nobilissima bonorum villicalium (Meiergüter) forma, quae in Saxonia inferiore potissimum ac Westphalia deprehenduntur. Er unterscheidet Erbmeiergüter und Temporalmeiergüter; die erste Klasse kommt überein mit der in Blackstone Buch II. Cap. 6, Seite 90 durch bookland oder charterland bezeichneten Gattung von Copyhold tenures; die zweite mit der Gattung folkland, deren unten in der Anmerkung 5 noch Erwähnung geschieht.

*) Conventional Rents sind ein vorbehaltener Canon zu Anerkennung der Rechte des Eigenthümers von Ländereien, die solchergestalt für eine gewisse Zeit verkauft sind: seine Hintersassen jährlich oder anderweitig in seinem Hofe zu versammeln, sowohl um sich als ihren Oberherrn, und

Pächter eine Geldsumme erlegt hat, um dafür die Pacht, und das Recht, sie zu veräußern, zu erlangen: welches Verfahren im westlichen England gewöhnlich ist.

Lebens Pachtrechtsbesitz mit unbestimmten Laudemio, zahlbar an den Eigenthümer, welcher die volle Landrente, nach dem Zeitpunkt der Verleihung der Pacht berechnet, erhält; und wobei dem Pächter das Recht der Veräusserung zustehet: welches Verfahren in Wales und in einigen Theilen von England üblich ist.

Pachtrechtsbesitz für einen gewöhnlichen Zeitraum (für einen kürzern als hundert Jahre), mit der Befugniß zur Veräusserung.

So mannigfaltig sind die verschiedenen Besitzzustände (holds), oder Befugnisse zum Besitz, von welchen auch die untergeordnetste eine Art von eine Zeitlang dauerndem Eigenthum an den Ländereien gewährt, welches solchergestalt gleich wirklichem Eigenthum, ein Gegenstand wird der sich zu Verträgen und zum Verkaufe eignet.

Aber die Gattung des Besitzstandes, welche durch eine solche Pacht gegeben wird, womit die Befugniß zur Veräusserung oder Besitzübertragung nicht verknüpft

den anwartschaftlichen Eigenthümer der in ihrem Besitz befindlichen Grundstücke anerkennen zu lassen, als auch um von Zeit zu Zeit zu erfahren, wer seine Hintersassen sind, welche Leben noch vorhanden sind, und wo die nominees (die zu diesem Behuf Genannten) gefunden werden können; damit kein Betrug, oder zu lange ausgedehnter Besitzstand eintreten könne.

ist, kann nur als ein Recht der Inhabung angesehen werden [5]).

Der gesetzliche Besitz von Grundeigenthum wird erworben:

Durch Verleihung — als von der Krone.

Durch Verjährung oder langen Gebrauch.

Durch Vererbung — wie von einem Vorfahren.

Durch Schenkung oder Vertrag.

Durch letztwillige Verfügung des verstorbenen Besitzers.

5) Dieser Gattung entspricht die deutsche Temporalleihe (Bauernleihe); der Verfasser bezeichnet sie durch tenancy, und begreift alle vorher genannten unter dem Ausdruck tenure. Blackstone bedient sich allgemein der Bezeichnung tenure (tenementum), ohne tenancy davon zu unterscheiden, zählt aber unter den Gattungen der tenure die leaseholds nicht auf. Selchow. nennt in den erwähnten Elementis juris germanici pag. 326 §. 395. bona colonoria Leihen, Leihgüter, und das jus possessorum in praedio: jus colonarium Leihrecht. Er fügt hinzu: Hoc ipsum jus colonarium sin ad certum tempus vel ad vitam, sive domini sive coloni, datur, colonia temporaria (Temporalleihe), sin in perpetuum hereditaria (s. Erbleihe) nuncupatur. Es ergiebt sich hiernach, daß das deutsche Wort Erbleihe derjenigen Gattung von tenure entspricht, welche Blackstone im vorhin erwähnten Capitel S. 99 und 100 unter der Rubrik privileged villenage oder villein socage, der free socage oder socage of frank tenure entgegensetzt. Der Ausdruck Temporalleihe kommt dagegen mit der, S. 98 genanten antient tenure of pure villenage und dem modern copyhold at the will of the lord überein. Auf diese Weise ist die Gattung von tenemental lands welche folkland genannt wird, gewöhnlich ausgethan werden,

Durch Verwirkung — wie an einen Pfandgläubiger.

Durch Ankauf; entweder

mit Eintragung in ein Landbuch [6]), oder durch eine Urkunde der Übertragung bestätiget.

Das gesetzliche Mittel, wodurch der Besitz erlangt worden, es sei Übergabe, gerichtliche Übertragung, oder ein Instrument, wodurch die Thatsache bekundet wird, giebt den Besitztitel, welcher denjenigen, der ihn erlangt hat, fähig macht, seine Ländereien zu besitzen und sie gesetzlich an einen andern zu übertragen.

Wenn wir den in Rede stehenden Gegenstand, das Grundeigenthum, aus diesem allgemeinen Gesichtspunkte betrachten, so finden wir es (eben so wie eine jede andere Gattung des Eigenthums), an seiner Wurzel enge mit den Landesgesetzen verknüpft, aus welchen, wie man wohl sagen kann, jede Art des Eigenthums hervorgeht; ferner finden wir es, in praktischer Beziehung angesehen, zusammenhängend mit den Künsten des Bergbaues, der Fischerei, der Holzkultur, des Ackerbaues, und der Landbaukunst, so wie mit den zu jenen gehörigen Hülfswissenschaften und Künsten. Es

6) Das Landbuch (Grundbuch) enthält in der Regel das Grundkataster, wie im Holsteinischen, wo es nur ausnahmsweise in einigen Distrikten zugleich als Hypothekenbuch dient. Es ist bemerkenswerth, daß die Einrichtung der Hypothekenbücher zwar in Schottland allgemein, in England aber nur in wenigen Grafschaften statt findet. Durchgehends wird der persönliche, wie der Realkredit, durch unverrückte Handhabung strenger Gesetze aufrecht erhalten.

bildet die weitläuftige Basis der Feldwirthschaft, auf welcher die übrigen Wirthschaftsarten ruhen, den Hauptstamm, aus welchem die andern Zweige sprießen.

In der Anwendung zerfällt der Gegenstand in drei verschiedene Abschnitte, nämlich:

Den Ankauf,

die Verbesserung und

die Bewirthschaftung von Landgütern.

Erstes Hauptstück.

Über die Wertschätzung und den Ankauf von Landgütern.

Es ist in doppelter Hinsicht angemessen, diesen Abschnitt des Gegenstandes vorangehn zu lassen, einestheils indem darin das wirkliche Mittel, den Besitz zu erlangen liegt, und dann, indem dazu eine allgemeine Kenntniß vom Landeigenthum erforderlich ist.

Die Gattung des zu verkaufenden Eigenthums und die Art des Besitzstandes worin es besessen wird, sind die ersten Gegenstände worauf zu merken ist. Ein jeder, der die Absicht hat, zu kaufen, wird wohl thun, sich einige Vorkenntniß im Betreff der Art der Zahlung welche man verlangt und in zweifelhaften Fällen wenigstens einige Gewißheit in Ansehung des Besitztitels von Seiten des Verkäufers, zu verschaffen, indem vorher mit Angemessenheit keine nähere Maasregeln ergriffen werden können.

Wenn man diese Erkundigungen eingezogen hat, kann man zu dem Geschäft der Abschätzung schreiten. Dieses muß nun mit derjenigen Festigkeit, Anstrengung und Genauigkeit geschehen, welche jede wichtige Verhandlung in Geschäften erfordert.

In der vorangeschickten Erörterung über Grund-Eigenthum bemerken wir einige Schwierigkeiten in Ansehung des Verfahrens, um dessen Werth zu bestimmen, welche von den verschiedenen Befugnissen, wonach sich der Besitzstand in diesem Königreich regulirt, herrühren. Allein dieses sind die unbedeutendern Schwierigkeiten, welche durch Regeln des Calculs, die man ziemlich allgemein versteht und anerkennt, auflösbar sind; wenn der Kapital-Werth in der Art wie bei einem Allodialgut, oder der eines freisäßigen Gutes ausgemittelt ist, so läßt sich nach diesem Maaßstabe, der von einem Gute in irgend einem untergeordneten Besitzstande, finden.

Der Kapitalwerth von Ländereien ist dem Steigen und Sinken vermöge allgemein wirkender Ursachen unterworfen; der ähnliche Fall tritt überdem, und in einem sehr viel höhern Grade, durch die Wirkung von Localumständen ein. Ländereien von gleicher Qualität sind oft von fünffachem Werth in der einen Lage, verglichen damit, was sie in einer andern werth seyn würden. Sie sind es nicht lediglich, wenn schon hauptsächlich, aus Rücksicht des Rentwerthes, oder des laufenden Geldpreises, für welchen sie, in verschiedenen Gegenden, an Pächter ausgethan werden können; sondern wegen anderer weniger fortdauernden Ursachen. Dahin gehört die Quantität des Landes welche eben feil geboten wird; die Anzahl und das Vermögen der Käufer in einem gegebenen Distrikt; ferner die zeitige Stimmung die in demselben in Hinsicht auf den Besitz von Grundeigenthum, in der Periode des Kaufes herrscht; — diese Umstände verdienen sehr die Aufmerksamkeit des Käufers, wenn seine Absichten nicht auf irgend einen bestimmten Fleck begränzt sind.

Die gewöhnliche Methode um zur Kenntniß von dem Kapital-Werthe eines Guts zu gelangen, ist dahin gerichtet, dessen wahren Rentwerth, oder jährlichen Geldertrag auszumitteln, und diesen durch die Anzahl von Jahren-Kauf (years purchase) zu multipliciren, welche die statt findende Nachfrage nach Ländereien, in der gegebenen Lage, zu der Zeit des Verkaufes ergiebt.

Die Anzahl von Jahren-Kauf, oder das Verhältniß zwischen der Rente, und dem Kauf-Werth der Länderei, ist sehr abweichend, von zwanzig bis zu vierzig; indeß sind fünf und zwanzig bis dreyßig die gewöhnlich vorkommenden Zahlen. Solchergestalt hat eine Parcele Land, deren wahrer Rentwerth ein hundert Pfund Sterl. beträgt, in gewöhnlichen Fällen einen Kaufwerth von 2500 bis 3000 Pf. St.

Allein der würkliche Rentwerth, welcher die einzige feste Grundlage ist, auf welcher man vorgehen kann, es betreffe den Ankauf, oder die Verwaltung von Landeigenthum, läßt sich nicht so leicht herausfinden. Wenn man im allgemeinen von den Ländereien Englands spricht, so ist zu bemerken, daß sehr wenige Menschen dazu fähig sind [7]). Es ist wahr, daß es in jedem

7) Das Nämliche mag wahrscheinlich früher auch von allen deutschen Staaten gegolten haben und es läßt sich vielleicht noch gegenwärtig von mehrern derselben behaupten.

Distrikt, beinahe in jedem Bezirk eines Kirchspieles Menschen giebt, welche ziemlich gut die Sätze kennen, nach welchen die Ländereien in ihrer Nachbarschaft gewöhnlich verpachtet werden. Aber man vertausche sie wechselseitig einen nach dem Distrikt des andern, und ihre Irrthümer würden, schon angeführten Gründen zufolge, auffallend seyn. Ferner kann ein bloßer Provinzialist, insbesondere in einem Distrikt welcher durch neuere Verbesserungen noch kein Licht erhalten hat, nicht einmal denjenigen Werth seines eigenen Gutes inne werden, dessen es bei einer ganz zweckmäßigen Wirthschaftseinrichtung fähig werden würde; eben so wenig kann er die dauerhaften Verbesserungen, welche darauf angebracht werden können, mit dem Grade von Klarheit beurtheilen, als jemand der eine allgemeinere Kenntniß von Gegenständen des Feldbaues hat, und geübt ist, dergleichen Verbesserungen nachzuspüren und sie zu verfolgen. Demungeachtet hat der Kauflustige in diesen auf Meliorationen gerichteten Zeiten, ein starkes Interesse, vor dem letzten Gebot auf ein Gut zu wissen, ob es sich dazu eignet, über den gegenwärtigen Werth hinaus verbessert zu werden oder nicht; und wieweit, falls es Verbesserungen giebt, deren wahrscheinlicher Umfang reicht; denn im entgegengesetzten Fall kann ein sehr vortheilhafter Kauf aus der Hand gehen, indem man durch einen besser Unterrichteten überboten wird.

Da nun diese Umstände ausgemacht sind, so folgt, daß bevor ein Gebot geschehen kann, insbesondere für einen bedeutenden Gegenstand, es die gewöhnliche Vorsicht fodert, daß ein Mann welcher nicht selbst competenter Richter ist, einen doppelten Beistand anwende: zuvörderst den eines Abschätzers aus der Provinz, um den wahren Marktpreis zu taxiren, welchen Pächter aus der Gegend, worin das Gut liegt, geben würden; und demnächst den eines Mannes von allgemeinerer Kenntniß, um die Veranschlagung des vorigen zu controlliren, und diejenigen Verbesserungen deren die Ländereien augenscheinlich fähig sind, abzuschätzen [8]).

In einem Elementarwerk wird es angemessen seyn, die einzelnen Umstände aufzuzählen, welche den Werth eines Gutes bestimmen, und worauf bei dessen Abschätzung die Aufmerksamkeit zu richten ist. Möge der angehende Abschätzer sie nicht für zu zahlreich halten, um sie dem Gedächtniß einzuprägen, damit er im Stande sey, sie bei der Hand zu haben, so oft als es die Gelegenheit erfordert. Es ist bekannt, wie mancherlei Dinge ein Lehrling in jeder nützlichen Kunst und jedem Gewerbe, zu lernen hat, bevor er tauglich wird, sich mit Erfolg für sich selbst, oder mit Nutzen für andere darin einzulassen; und wieviel mehr erfordert wird, bevor er hoffen kann, sich darin vor andern gebildeten Mitbewerbern auszuzeichnen.

8) Eben diese Grundansicht hat es veranlaßt, daß man bei der im Jahr 1801 für die Veranschlagung der Domainen in Ost- und Westpreußen ertheilten Instruktion, zuvörderst einen oder zwei mit Distriktskenntniß versehene Ökonomen, und hiernächst zu deren Controlle einen mehr mit allgemeiner Kenntniß ausgerüsteten Kommissarius für nöthig erachtet hat.

I. Die Quantität des Landes ist die Grundlage der Abschätzung, obgleich sie in der Wagschaale der Veranschlagung nur wenig Gewicht hat. Denn der Kapitalwerth von einem Morgen (Acre) Landes kann weniger als ein, und kann mehr als hundert Pfd. St. betragen. Nichts destoweniger ist es die Quantität, wonach der Rentwerth berechnet wird, und es ist gewöhnlich, daß der Verkäufer ein Vermessungsregister von dem zu verkaufenden Gute vorzeigt, welches darlegt, oder doch darlegen soll, nicht allein die Gesammtsumme, sondern auch die Anzahl von Morgen Landes welche ein jedes Stück oder Parcele enthält, und welches besonders genau die verschiedenen Quantitäten von den Ländereien abweichender Qualität aufzählen sollte, damit deren einzelne Rentwerthe mit größerer Genauigkeit und Bequemlichkeit ausgemittelt werden können.

II. Die innere Qualität des Landes ist die zweite wesentliche Grundlage der Berechnung. Allein selbst diese ist, wenn man den Werth von Ländereien aus einem allgemeinen Gesichtspunkt beurtheilt, der sich auf das ganze Königreich erstreckt, oft eine untergeordnete Rücksicht; denn in manchen Fällen, wird ihr Werth mehr durch die Lage, als durch den Boden, und dessen Unterschichten regulirt. Es giebt Fälle, wie schon bemerkt worden, wo der, von der Lage herrührende Werth das Fünffache von dem seyn kann, was der innere Werth ist.

Dieser außerordentliche Einfluß der Lage ist jedoch

*) Ein englischer Acre ist ohngefähr gleich 1⅗ Morgen Magdeburgisch; genau gehen darauf 1,586 Mr. M.

in seinen Wirkungen begränzt und vorzüglich auf die Nachbarschaft von Städten, und andern Hauptmarktplätzen für die Produkte, beschränkt. Bei der überwiegenden Mehrheit der Ländereien in England, gründet sich der Werth weniger auf die Lage als auf die innere Beschaffenheit; diese mit zureichender Genauigkeit kennen zu lernen, ist das Haupterforderniß und zu gleicher Zeit der schwierigste Theil des Veranschlagungsgeschäftes, indem dabei fast alles auf das zur Stelle zu fällende Urtheil ankommt, nach Maaßgabe der oft nur in geringer Menge sich vorfindenden Merkmale, welche, indem man über das abzuschätzende Feld geht, in die Augen fallen. Es ist daher beinahe überflüssig zu bemerken, daß es um den Grad von Beurtheilung, welcher zu dieser schwierigen Arbeit nothwendig ist, zu erlangen, erfordert wird, die Ergiebigkeit von Ländereien eines abweichenden äußern Ansehens zu kennen. Diese Art von Kenntniß, kann kaum durch irgend etwas anders, als frühe Praxis in der Bearbeitung von Ländereien verschiedener Qualität zureichend gelehrt werden, wenn schon eine lange Uebung, für gewöhnliche Fälle eine Geläufigkeit geben mag, den Werth von Ländereien, selbst ohne eine ausgedehnte Kenntniß von dem praktischen des Ackerbaues, zu treffen. Dennoch giebt es Fälle, in welchen wir finden, daß beide vorerwähnte Eigenschaften unzureichend sind, um eine Genauigkeit des Urtheils zu gewähren, selbst bei Provincialabschätzern Folglich sollte ein Mann der es unternimmt, als allgemeiner Abschätzer zu wirken, entweder ein ausgezeichnetes Talent für seine Gattung vor Gewerbe besitzen, oder er müſte nach einer angemeſſenen Vorbereitung Gelegenheit gehabt haben, viele Erfahrungen in Gegenſtänden des Feldbaues in verſchiedenen Theilen des Königreiches einzuſammeln [9]).

9) Um eine Vergleichung mit den ſyſtematiſchen Bonitirungsbenennungen anſtellen zu können, welche in der zu S. 142 des zweiten Bandes von des Staatsraths Thaer Grundſätzen der Landwirthſchaft gehörigen Tabelle A bemerkt ſind, und um im weitern Verfolg Bezugnahmen zu erleichtern, werden bei Angabe der Nummer womit eine jede Bodenmengung in gedachter Tabelle A aufgeführt iſt, die correſpondirenden engliſchen Benennungen hier ſo mitgetheilt, wie ſie in den auf Anordnung des Board of Agriculture gelieferten Darſtellungen der einzelnen Grafſchaften, z. B. Kent, Northumberland u. ſ. w. in den Ausgaben vom Jahr 1805 imgleichen von dem Verfaſſer des vorliegenden Werks gebraucht worden ſind:

a. (Siehe Nr. 1. der gedachten Tabelle). *Hazelmould.*

b. (S. Nr. 2 und 3 der Tab.) fertile clay, or rich strong loam.

c. (S. Nr. 4. der Tab.) deep strong limestone land, in Kent genannt: hassok or stone shatter; eben daſelbſt gilt für Nr. 5 der Tabelle der Ausdruck: deep rich soil.

d. (S. Nr. 6 der T.) dry gravelly mould.

e. (S. Nr. 7 und 8) rich brown loam. — —

f. (S. Nr. 9) red soft and yellow clay.

g. (S. Nr. 10) gravelly loam.

h. (S. Nr. 11) wet loam; Cledge nennt man in Kent die ſchlechtere Gattung mit einer kalten undurchlaſſenden Grundlage.

i. (S. Nr. 12) Sandy loam. — —

k. (S. Nr. 13 und 14) light sandy loam.

l. (S. Nr. 15 und 16) Sand; hard sandy soil. — —

m. (S. Nr. 17 und 18) Sandy Gravel; flinty and dry poor gravelly loam.

n. (S. Nr. 19 und 20) Black sand; red and yellow silicious sand, hard stoney land.

III. Lage. Obschon oben bemerkt worden, daß der Werth der Ländereien in England im Ganzen betrachtet, weniger von der Lage, als von der innern Beschaffenheit abhängt; so hat doch in jedem Theil des Landes, die Lage einen großen Einfluß. Es kann näm-

o. (Vergl. Nr. 5) Black peat earth, mit saurem Humus erfüllte Torf- und Moorerde, z. B. in Cumberland. Der in Nr. 5. der Tabelle erwähnte mit Kalkerde gemischte mild humose Boden, (S. Anmerk. 24): findet sich in den Marschländereien z. B. von Kent.

p. (Vergl. h) Cold weak land, (S. Anm. 26.) — Cledge.

Die den vorstehenden entsprechenden Benennungen, deren sich die in der Anmerk. 8 gedachte Instruktion bei der für das praktische Verfahren der Ertragsausmittelung berechneten Eintheilung in vier Bodenklassen (vergl. Anm. 25 wegen des dabei angewandten Princips) bedient, sind, in eben der Reihe aufgeführt, die folgenden:

a. Schwarze Dammerde; *b.* Schwarzer Lehm (Klay); *c.* Grauer Lehm; *d)* Graue Dammerde; *e)* Brauner mit Dammerde gemischter Lehm (Klay), welche sämmtlich zur ersten Klasse gezogen sind.

f. Rother und gelber Lehm (Klay); *g.* Schwarzer Grand (Mittelboden); *h)* Brauner (der kalten Unterlage wegen) sprockiger Lehm; *i.* Grauer Grand, welche sämmtlich zur zweiten Klasse gerechnet sind.

k. Leichter lehmiger Grand; *l.* Lehmiger Sandboden; welche die beiden Unterabtheilungen der dritten Klasse ausmachen.

m. Kieshaltiger Sand, der, insofern als ihm kein regulairer, mindestens sechsjähriger Dünger gegeben werden kann, als dreijähriges Roggenland benutzt wird; *n.* Steiniger, imgleichen röthlicher mit Eisenoxyd gemischter Sandboden, — ohne reiche Düngung nur als sechs- und neunjähriges Roggenland zu benutzen; o. Torfboden; welche Gattungen mit *p.* dem weißgrauen Letten und dem, mit seiner (gewöhnlich blauen) Thonunterlage

lich ein Morgen Landes, dessen innere Beschaffenheit bei gewöhnlicher Lage (blos auf Localität bezogen), ihn zwanzig Shilling werth macht, in manchen Distrikten nicht mehr als 15 Shilling werth seyn; indeß er in andern zu 25 Sh. oder zu einer noch höhern Rente abgeschätzt werden könnte, nämlich in dem Gesichtspunkt eines im Großen wirthschaftenden Pächters, übrigens entfernt von den unmittelbaren Umgebungen einer Stadt, oder einem volkreichen Manufakturdistrikt: — und zwar aus Gründen, welche bei Erwägung der verschiedenen einzelnen Umstände der Lage sich ergeben.

a. In der Temperatur der Lage welche gegeben wird durch Erhöhung, Richtung, oder durch Blöße, befindet sich ein mächtiger Einfluß, welcher fähig ist den Werth von Ländereien ungemein zu ändern. Der nämliche Boden und Untergrund, welchen man nicht selten an frei ausgesetzten Bergen, und nach Norden hängend, gewahr wird, und der in solcher Lage nicht mehr als 5 Sh. der Morgen werth ist, würde, wenn er in einem geschützten Thaldistrikt, und mit günstiger Richtung gegen die Sonne läge, 20 Sh. oder mehr Rente tragen. Auch von der Verschiedenheit des Climas hängt sehr viel ab. Im südlichen England tritt die Erndte oft um ei-

mehr gemischten Schluf (Cledge) die vierte Klasse nach der erwähnten Veranschlagungsinstruktion bilden. Man hat in dieser eben so, wie in den angeführten brittischen Bearbeitungen, die Eintheilungsart des Bodens nach den Früchten — z. B. in Weizen, Gersten, und Haferboden — als unzulänglichen Behelf, und diese Bezeichnungen als unvollständig anerkannt.

nen Monat früher ein, als in den nördlichen Provinzen, obgleich sich dieses nicht genau nach der nördlichen Breite der Orte richtet. Dies ist ein Umstand worauf diejenigen, welche den Werth von Ländereien abschätzen, ihre Aufmerksamkeit besonders zu richten haben. Denn das frühe Einbringen der Frucht ist nicht allein an sich selbst vortheilhaft, sondern man gewinnt auch dadurch Zeit, den Boden mehr zu bearbeiten, oder noch eine Herbsterndte zu nehmen, welches Vortheile sind, die eine späte Erndte nicht wohl gestattet. Es giebt eine andere Gattung von Temperatur der Lage, welche noch mehr Einfluß auf den Werth von Ländereien hat, nämlich die Feuchtigkeit der Atmosphäre. Eine feuchte Lage giebt nicht allein eine ungewisse und oft späte Erndte, sondern sie macht sie auch schwierig und mißlich; welches man nur zu oft an den westlichen Küsten dieser Insel erfährt.

b. Selbst an der Wölbung der Oberfläche kann sich das Urtheil üben. Ländereien deren Oberfläche eine zu steile oder zu flache Lage haben, sind von geringerem Werth als die, welche einen solchen allmäligen Fall haben, daß sie dem Wasser der Oberfläche hinreichenden Abzug gewähren, ohne schwierig für die Bearbeitung zu seyn. Steil liegende Ländereien sind nicht allein bei der Arbeit des Pflügens unbequem und kostspielig, sondern sie sind es auch bey der Düngerfuhre und Erndte. Ländereien die eine bequeme abträgige Lage, oder eine sanft gewölbte Oberfläche haben, kann man im Kaufgelde, für den Morgen (Acre) mehrere Pfd. St. höher rechnen, als andre von der nämlichen innern Qualität, welche einen steilen Abhang haben.

c. Eine andere Betrachtung von einigem Gewicht bey Abschätzung eines Gutes, ist die Versorgung mit Wasser — für häusliche Zwecke — für den Gebrauch des lebenden Inventarii — und für den Zweck der Bewässerung. Es giebt Lagen in welchen ein reicher Strom kalkhaltigen Wassers den Werth eines weitläuftigen Gutes um mehrere tausend Pfd. St. erhöhen würde.

d. Eine zulängliche Versorgung mit Dünger, es sey Viehdünger, Kalk, Mergel, oder sonstige Besserung, zu einem mäßigen Preise, und innerhalb einer für Landfracht bequemen Entfernung, gewährt eine wesentliche Zugabe zum innern Werth des Landes.

e. Die eingeführte Sitte der Gegend, worin ein Gut liegt, ist fähig, dessen Werth ungemein zu steigern, oder niederzudrücken. Selbst der einzige Punkt, die Gewohnheit, leichte Ländereien und Lehmboden mit zwei Ochsen, oder zwei raschen Pferden, anstatt vier schwerer, zu pflügen, ist fähig, auf gutem Lande, welches im Wechsel von grünen und Kornerndten benutzt wird, einen Unterschied von 5 bis 10 Sh. auf den Morgen in der Rente des Jahres: oder 10 Pfd. St. im Kaufgelde, zu bewirken.

f. Der Arbeitslohn ist ein fernerer Maaßstab von dem gangbaren Preise des Landes in einem gegebenen Distrikt. Bevor man über den eigentlichen Betrag des Arbeitslohns etwas mit Sicherheit festsetzen kann, ist es indeß allezeit angemessen, diesen Arbeitslohn mit den Gewohnheiten von Anstrengung und Fleiß zu vergleichen, welche unter den ländlichen Arbeiten herrschend sind.

g. Der Preiß des Lebensunterhalts, oder die Ausgaben des Haushaltes welche bei Landwirthen gewöhnlich sind, haben auch ihren Antheil an dem Einfluß auf den Werth des Landes. In den entlegenern Gegenden des nördlichen Englands werden Landwirthe der mittlern und niedern Klasse, und ihr Gesinde, beinahe für die Hälfte der Unkosten genährt, gekleidet und gelohnt, welche zum gleichen Behuf in manchen Gegenden der mehr in der Mitte liegenden und der südlichen Provinzen erforderlich sind. Es wird hier nicht auf das entfernteste beabsichtigt, anzudeuten, wie die Landwirthe, deren Gesinde und Arbeiter, leben sollten. Da sie die wichtigsten Mitglieder des Gemeinwesens sind, so haben sie alle Befugniß zu solchen Lebensgenüssen, welche mit Sorgfalt und Arbeit sich vereinigen lassen. Alles was durch Bemerkung jenes Umstandes beabsichtigt wird, besteht darin, den Käufern von Landgütern einen Wink zu geben. In einer Gegend nämlich wo Spärlichkeit herrscht, werden Ländereien von gleicher Qualität immer eine höhere Rente tragen, als da, wo eine kostbarere Lebensart Platz gewonnen hat. Es ist nur eine Wirkung der Zeit, eingeführte Sitten und Gewohnheiten eines Landes zu ändern; daher ist:

h. Der Geist der Verbesserung, oder das Vorurtheil dagegen, welcher in dem Distrikt herrscht, worin der zu verkaufende Gegenstand liegt, ebenfalls ein Umstand von einiger Bedeutung bey dem Kauf. Denn wenn jene Stimmung im wachsenden Zustande ist, besonders wenn sie sich noch auf den ersten Stufen des Fortschreitens befindet, so kann man mit einem Grade von Gewißheit eine schnelle Zunahme der Rente erwarten; dagegen unter dem bleiernen Einfluß des Vorurtheils, ein halbes Jahrhundert vorüber gehen kann, bevor man den goldenen Wagen der Verbesserung mit Nutzen in Bewegung zu setzen vermag.

i. Endlich bleibt in Rücksicht auf die Lage, noch der Mittelpunkt der Anziehung zu bemerken, worauf die Arbeiten des Landwirths stets gerichtet seyn werden. Wir haben nemlich auf die Märkte, mehr als auf irgeud einen andern Umstand, in Ansehung des statt findenden Werthes der Ländereien, Rücksicht zu nehmen [10]). Ihr Einfluß ist nicht auf Städte und große Manufaktur-Plätze beschränkt; denn in Häfen, oder an Ufern, sey es von Einfahrten, Buchten, Flüssen oder Kanälen hat man den halben Weg zu den Marktplätzen

10) In dieser Rücksicht hat man zum Behuf der Veranschlagung des Ackerbauertrages bei den preußischen Domainen, abweichende Getraidepreise, die sich nach den Hauptmarktplätzen gewisser Distrikte richten, normirt.

schon zurückgelegt; ja man darf sogar behaupten daß ihre Entfernung von dem Wirthschaftshofe, blos durch gute Wege, verkürzt wird.

In dieser Schilderung von den Eigenthümlichkeiten der Lage, in Hinsicht auf den Werth des Landeigenthums, findet man die Gegenstände angeführt, worauf ein Abschätzer seine Aufmerksamkeit zu richten hat, wenn er aufgefordert worden, in einer Gegend die ihm neu ist, Geschäfte zu besorgen. Ein Provincialist, oder auch selbst ein wissenschaftlich gebildeter Abschätzer welcher in einer Gegend taxirt, in welcher er hinlänglich mit dem statt findenden Werthe der Ländereien bekannt ist, bestimmt nach dem Augenschein und zufolge seinem besten Urtheil, deren Bonität, denn ihr laufender Preis ist ihm bekannt; er weiß, oder sollte wenigstens wissen: wie hoch diese oder jene Ländereien in der Nachbarschaft verpachtet werden, und was er und seine Nachbaren, für Ländereien von gleicher Beschaffenheit und gleichem Zustande geben, oder geben möchten; — ohne auf die besonderen Umstände der Lage in seinem Urtheil zurückgehen zu dürfen, (weil diese schon gegeben sind in den statt findenden laufenden Preisen, welche eben aus jenen Umständen sich festgesetzt haben,) — gründet er es lediglich auf die innere Beschaffenheit, und den statt findenden Zustand jedes Feldes oder jeder Parcele, so wie sie ihm vor Augen kommt. Allein, wenn er in einer Gegend, wo er sich eine Uebung im Abschätzen von Ländereien erworben hat, den höchsten Grad der Geschicklichkeit erlangt haben sollte, so wird er in einem entfernten Distrikt, wo die laufenden Marktpreise der

Ländereien, zehn, zwanzig oder funfzig Procent über oder unter denen sind, welche er gewohnt gewesen ist, Ländereien von gleicher innerer Qualität und Zustande beizulegen, sich in Verlegenheit befinden, bis er die laufenden Marktpreise der Gegend kennen gelernt, oder die Umstände der Lage wohl erwogen hat. Auf diese wird er daher in jedem Falle seine Aufmerksamkeit richten müssen, bevor er im Stande seyn kann, den Werth der Ländereien bei einer verbesserten Einrichtung zu bestimmen, oder sich darauf einzulassen, allgemeine Regeln für ihre Verbesserung anzugeben.

IV. Eine fernere Gattung von Umständen, welche auf den gangbaren Preis der Ländereien Einfluß haben, bleibt aufzuzählen übrig. Sie betreffen deren dermaligen Zustand, oder die Art und Weise, wie es damit zur Zeit des Verkaufes beschaffen ist.

a. Ihr Zustand in Hinsicht auf Einhägung oder Befriedigung ist ein Gegenstand von großer Bedeutung. Offene Ländereien, wenn sie durchgehends ausgemarkt sind, und schicklich zusammenliegen, sind, es wäre denn die Bestimmung nichts anders als eine Schaaftrift oder ein Kaninchengehäge [11]),

11) Die Kaninchen gewähren in England auf einem, dem sechs- und neunjährigen Roggenlande (Siehe litt. *n.* in der Anmerk. 9) gleich zu achtenden Boden, gewöhnlich mehr reinen Ertrag, als die im nördlichen Deutschland übliche, aus der Benennung sich angebende Benutzungsart abwerfen würde; sofern man nämlich keinen, durch die Hülfe anderer Ländereien erzeugten Dünger darauf verwendet, der sich in der Regel auf vortheilhaftere Weise anlegen läßt.

doch von einem weit geringern Werth, als das nämliche Land in dem Zustande einer angemessenen Befriedigung seyn würde. Falls die Ländereien zerstückelt, und im Gemenge, in dem Zustand einer Gemeinheit, — als Feld, oder Wiese — sich befinden, so möchte der Werth um den dritten Theil vermindert anzunehmen seyn. Wenn die in Gemeinheit liegenden Felder oder Wiesen das sind, was man Lammasland *) nennt, und die Eigenschaft einer Gemeinheit erhalten, sobald als die Erndte geschehen ist, so darf die Herabsetzung des Werths um die Hälfte dessen angenommen werden, was die Ländereien gelten würden, wenn sie in wohl eingehägten Befriedigungen lägen, und nicht mit jenem alten Gebrauch belastet wären.

b. Ferner ist die Verschiedenheit im Werthe zwischen Ländereien, welche in einem zerstückelten Zustande (wenn gleich in wohl eingehägten Befriedigungen), und denjenigen, welche in einer zusammenhängenden Form liegen, oder, wie man es ausdrückt, in einer Ringeinhägung: sehr bedeutend [12]). Die Nachtheile eines zerstreut liegenden

*) Von Lammas, der erste August.

12) Wenn die Größe der Werthsverschiedenheit zwischen völlig separirten Grundstücken und im Gemenge (zerstückelt) liegenden Ländereien, selbst dann eingeräumt werden muß, wenn die letztern wohl eingehägt sind (und zwar vorzüglich wegen der unbequemern Bewirthschaftung, imgleichen der schwierigern Be- und Entwässerung), so leuchtet sie um so mehr bei nicht eingehägten Ländereien ein; es wird da die Beschaffung der freien Disposition für einzelne Ei-

großen Gutes sind denjenigen, die bei einem zerstreut liegenden einzelnen Hofe statt finden ähnlich. Selbst der einzige Punkt, wenn bei abgesonderten Feldern und Parcelen eines Hofes, es an einem bequemen Zugange dahin mangelt, ist ein wesentliches Übel. Es ist übrigens der Werth der einzelnen Höfe, wonach man den von größern Gütern berechnet.

c. Der Zustand der Straßen, sowohl der Landstraßen, als der Privatwege, innerhalb der Güter, und von da nach den benachbarten Markt- oder Stapelplätzen zur Ablieferung der Produkte, ist ebenfalls ein Gegenstand, welcher die Aufmerksamkeit des Käufers verdient.

d. Der Zustand der Wasserläufe, oder Ufer und Graben, innerhalb und unterhalb eines Gutes, erfordert Untersuchung [13]), indem die Ausgabe der

genthümer, welche in der Cultur des im Gemenge liegenden Bodens Fortschritte machen wollen, in den meisten Fällen so lange ein frommer Wunsch bleiben, bis die Mehrheit einen solchen Beschluß faßt, in welchem Fall sich die Sache, ohne positives Zuthun der Legislatur, von selbst macht. Übrigens ist es klar, daß die Kosten einer neuen Einhägung von solchen Stücken, die im Gemenge liegen, für den einzelnen Eigenthümer, der allein damit vorgeht, ungleich größer ausfallen, als bei einem separirten Gut des nämlichen Flächeninhalts.

13) Hier wird der oben, bei III. c. nach Maaßgabe desjenigen, was von Seiten der Natur gegeben ist, zur Prüfung gezogene Gegenstand, in Hinsicht der diesfalls von Seiten des Besitzers, oder einer Commune von Besitzern bewirkten Anlagen erwogen, welche dem Erwerber gleich

Verbesserung, oder Instandhaltung größer oder geringer seyn wird, nach Maaßgabe des Zustandes, worin sie zur Zeit des Kaufes sich befinden. Es kann aber auch vielleicht, es sei wegen natürlicher Ursachen, oder wegen des Eigensinnes eines Nachbars, und der etwa unzulänglichen Bestimmungen der Landesgesetze in dieser Hinsicht, die etwa erforderliche Verbesserung gar nicht und für keinen Preiß ausgeführt werden.

Der Zustand der Wasserabzüge, bei Ländereien, die entfernt von dem Bereich von Fluthen oder von gesammeltem Wasser liegen, verdient ferner in Betrachtung gezogen zu werden. Denn obschon man gegenwärtig die Kunst, Wasserabzüge zu machen ziemlich gut versteht, so kann man sie dem ungeachtet im Großen nicht ohne bedeutende Kosten ausüben.*

e. Der Zustand der Ländereien, in Hinsicht auf die Bearbeitung und Düngung, verdient bei ihrer Abschätzung mehr Rücksicht, als man gewöhnlich darauf zu wenden pflegt, denn die vorbemerkten Umstände sind selbst für einen Käufer, und mehr noch für einen Zeitpächter der Aufmerksamkeit werth. Ländereien, welche sich in einem so hohen Cultur- und Düngungszustande befinden, daß sie geeignet sind, eine Folge von reichen Erndten

dem eigentlichen Wirthschaftsinventario nöthig sind, und deren Zweckmäßigkeit in Niederungen oder Marschgegenden, eben so wesentlich zur Werthsbestimmung der Ländereien, als ihre unmittelbare Beschaffenheit beiträgt.

zu gewähren; kann man bis 5 Pfund Sterlinge Kaufgeld für den Morgen höher rechnen, als solche von gleicher Qualität, welche durch wiederholte Erndten erschöpft sind, und in einem Zustande der Verqueckung sich befinden, aus welchen sie ohne einen beträchtlichen Aufwand an Dünger und Bearbeitung nicht gebracht werden können.

f. Den Zustand der Ländereien, ob sie zu Gras liegen oder unter dem Pfluge stehen, kennt man besser, und ist im allgemeinen aufmerksamer darauf. Ländereien welche nützliche Gräser tragen, und lange in diesem Zustande gelegen haben, sind nicht allein so lange sie darin bleiben von Werth, indem sie eine hohe Rente bringen [14]), sondern sie werden, wenn die Gräser anfangen auszugehen, in der Regel eine einträgliche Folge von Getreideerndten abwerfen. Daher ist die Länge der Zeit, worin die zu veranschlagenden Ländereien zu Gras gelegen haben, und insbesondere, ob man sie als Weide genutzt hat, ein Gegenstand der Nachforschung des Abschätzers.

g. Endlich ist noch der Zustand der Hofgebäude und Einhägungen ein Gegenstand ernstlicher Untersuchung. Gebäude, Stallungen und dazu gehörige Einhägungen, welche sehr baufällig gewor-

14) Im Durchschnitt gegenwärtig in England eine höhere Rente, als Getreideland von übrigens gleichem Werth; wegen der verhältnismäßig höhern Preise des Fleisches, welche man größtentheils als eine indirekte Folge der dortigen Gewerbepolizei betrachten kann.

den, und wegen Mangel zeitiger Instandsetzung im Verfall gerathen sind, machen eine sehr große Ausgabe nöthig, um sie wieder in eine angemessene Beschaffenheit zurückzubringen.

Im Fall, daß eine große Genauigkeit der Abschätzung verlangt wird, z. B. wenn über den Kaufwerth eines Gutes ein Gutachten verlangt worden, und die Pächter nicht verpflichtet, oder wenn sie verbunden, aber nicht fähig sind, die Gebäude in den erforderlichen Zustand zu bringen, so wird es nothwendig, die Ausgaben abzuschätzen, welche ein jeder Hof in dieser Beziehung erfordern würde, um ihn dergestalt gehörig im Stand zu setzen, daß das Ganze eine angemessene Einrichtung erhält. Es versteht sich, daß das nämliche Prinzip der Abschätzung auch für gewöhnliche Kaufsfälle wohl anzuwenden ist.

Jedoch gehört dies eigentlich unter das Capitel von Abzügen, Lasten und Ungeldern, deren nunmehr Erwähnung geschehen soll.

Pachten. Aus der vorangeschickten Übersicht der Gattungen des Pachtrechtsbesitzes, ergiebt sich, daß durch einen langen Pachtrechtsbesitz (long lease), der Kapitalwerth eines Allodialgutes, in der That auf Nichts reduzirt werden kann [15]). Selbst ein Lebenspachtbesitz,

15) Man darf wohl kaum darauf aufmerksam machen, wie verschieden der Begriff der long lease, welche dem Eigenthum in sehr naher Richtung parallel gehen, wiewohl dennoch es nie erreichen kann, von ähnlich scheinenden deutschen Besitzarten ist; namentlich von dem Erbzinsgut

besitz, mit einer bloßen Konventionalrente (s. Seite 3.), kann jenen Werth beinahe auf ein Drittel reduziren. Eine jede andere Gattung von Pacht, ist, wenn die zu zahlende Rente nicht dem wahren Rentertrage zur Verkaufszeit gleich kommt, eine Belastung; dies wird sie oft selbst für einen Käufer, der gar keine andere Absicht hat, als die, sein Eigenthum in Landbesitz sicher zu stellen, und durch die Rente Zinsen für das ausgelegte Geld zu erhalten. Denn wenn Annehmlichkeit für den persönlichen Gebrauch gesucht wird, oder es darauf ankommt, Verbesserungen auszuführen, so wird eine Pacht, wenn auch der Pächter die volle Rente zahlt, ein Hinderniß des Kaufs.

Ein Irrthum, welcher nicht selten bei Abschätzung der Belastung, die eine Zeitpacht mit sich führt, begangen wird, verdient hier Erwähnung. Die zwischen der Pachtrente und dem vollen Rentwerth (belastet mit eben den Ungeldern und Reparaturkosten, wie die Pachrente) ausgemittelte Differenz wird durch die Anzahl der noch nicht abgelaufenen Pachtjahre multiplizirt, und das volle Produkt wird von dem Werthe, den das Grundstück frei von solcher Belastung hat, abgezogen. Allein von dem, wie vorerwähnt, ausgemittelten (und in Abzug zu bringenden) Produkt sollten noch die halben davon fälligen Zinsen, für die bemerkte Anzahl von Jahren, — ingleichen die eines halben Jahres

des Allg. Landrechts, und von den emphyteutischen Verleihungen, die auf gewisse Dauer in mehreren Provinzen des preußischen Staats — z. B. in Westpreußen häufig — statt finden.

mehr, wenn die Rente halbjährig, oder eines ganzen, wenn sie jährlich gezahlt wird — abgezogen werden. Denn alles, was der Käufer zu verlangen befugt ist, besteht darin, die volle Rente für seine Länderei, während der Fortdauer der Pacht zu erhalten. Der Pächter zahlt ihm so viel als der Pachtkontrakt besagt, und wenn der Verkäufer das Fehlende (die Differenz) am Ende eines jeden halben, oder ganzen Jahres, am jedesmaligen Zahlungstermin des Pächters, zulegen wollte, so würde der Käufer die volle Rente, in gleicher Art, als wenn keine Belastung statt gefunden hätte, erhalten. Wenn nun der Verkäufer die ganze Summe in baarem Gelde zur Zeit des Verkaufes auszahlt (welches, da er sich den Abzug vom Kaufgelde gefallen läßt, in der That geschieht), so hat er auch gewiß Grund, einiges Diskonto für prompte Zahlung zu verlangen.

Wenn man z. B. die Differenz in der Rente, welche durch eine Pacht veranlaßt wird, auf zehn Pfd. Sterling jährlich, und die Länge der noch laufenden Pachtperiode, auf zehn Jahre annimmt, so würde das Produkt in hundert Pfund Sterl. bestehen; wenn man nun, zu leichterer Berechnung, voraussetzt daß die Zahlungstermine jährlich wären, so würden die abzuziehenden Zinsen, nämlich die Hälfte von funfzig Pfund Sterl. (als dem zehnjährigen Zinsenbetrage von hundert Pfund Sterl. zu fünf Procent) mit der Hälfte von fünf Procent (dem jährigen Zinsenbetrage) zusammengenommen: sieben und zwanzig Pfund Sterling zehn Schilling, als die eigentlich zu subtrahirende Summe ergeben.

Die Richtigkeit dieser Regel der Berechnun- kann leicht dargethan werden. Wenn nämlich der Verkäufer die Differenz der Rente blos zu den Zeiten, wenn sie fällig wird, zu zahlen haben sollte, so würde er während des ersten Jahres den ganzen Betrag der hundert Pfund Sterling in Händen haben, wenn die Zinsen zu fünf Procent betragen würden: . . . ℔ St. 5 0 0.

Im zweiten Jahre würde er haben	℔ 90 uud Zinsen:		4	10	0.
Im dritten Jahre . . .	℔ 80 —	—	4	0	0.
Im vierten Jahre . . .	℔ 70 —	—	3	10	0.
Im fünften Jahre . . .	℔ 60 —	—	3	0	0.
Im sechsten Jahre . . .	℔ 50 —	—	2	10	0.
Im siebenten Jahre . .	℔ 40 —	—	2	0	0.
Im achten Jahre . . .	℔ 30 —	—	1	10	0.
Im neunten Jahre . .	℔ 20 —	—	1	0	0.
Im zehnten Jahre . . .	℔ 10 —	—	0	10	0.
	*) ℔ St.		27	10	0.

Zehntabgaben. Wenn man Ländereien bei deren Abschätzung als frei von Zinsen angesehen hat, so muß der Natural- und Geldzehnte, falls ein solcher statt findet, als eine Belastung abgezogen werden. Wenn man aber auf die große Verschiedenheit im Werthe jener Abgaben, in Gemäßheit von Gewohnheiten und Arten des Besitzes sieht, so ist das natürlichste Verfahren, alle Ländereien zuerst als von Zehntabgaben frei zu veranschlagen, und hernach eine Abrechnung nach dem Maaßstabe des Werthes, den man dafür anne-

*) Tabellen für Ausmittelung des Werths von Annuitäten und Lebenspachten werden nach einem ähnlichen Prinzip verfertiget.

men kann, zu veranstalten: welche in manchen Fällen, so wie z. B. bei Getreideländereien, einen beträchtlichen Theil des Kapitalwerths der Güter ausmacht.

Staatsabgaben. Obschon es in England ziemlich allgemein üblich gewesen ist, daß der Eigenthümer die Landtaxe (Grundsteuer), und der Pächter alle übrige Taxen bezahlt hat, so war doch dieser Gebrauch nicht allgemein. Auch ist dies kein Gegenstand worauf es ankommt, wenn man ein Landgut zum Behuf eines Verkaufes, oder einer Verpachtung auf unbestimmte Zeit, veranschlaget. Der jährliche Betrag der zu zahlenden Taxen und sonstigen Ungelder ist der Umstand, welcher auszumitteln ist, weil, von wem sie auch abgeführt werden, sie immer als eine Belastung zu betrachten sind, die auf dem Gesammtertrage der Ländereien ruht, woraus sie gezahlt werden müssen. Denn wenn der Pächter sie bezahlt, so ist seine abzutragende Rente darnach geschätzt und regulirt, oder sollte es wenigstens seyn. Wenn indeß ein zum Verkauf stehendes Gut bereits in Zeitpacht, für eine bestimmte Periode ausgethan ist, so wird es höchst nothwendig auszumitteln, welche Antheile von den jährlichen Ungeldern und Reparaturkosten von den Pächtern übernommen werden, und wozu der Eigenthümer bis zum Ablauf der Periode verpflichtet bleibt.

Die Landtaxe ist da, wo sie noch statt findet, sehr ungewiß in Ansehung ihres Betrages, und die Armensteuer ist eben so abweichend in verschiedenen Gegenden. Die Abgaben an die Kirche, Behufs der Landstraßen, und an die Grafschaft [16]), sind in einem Durchschnitt von Jahren genommen, weniger einer lokalen Ungewißheit unterworfen, und dürfen daher von einem Abschätzer nicht so genau untersucht werden.

Fixirte Zahlungen, oder Reallasten, von der Art, als Bekenngelder, Anerkennungskanon (quitrent), Annuitäten, Pensionen, Schulmeistergehalte, mildthätige Gaben u. s. w., wozu ein Landgut verpflichtet ist: imgleichen Instandhaltung öffentlicher Anlagen, Gebäude, Straßen u. s. w., die auf dem zu verkaufenden Gute lasten, sind Gegenstände der Untersuchung und Abschätzung; eben sowohl als die gewöhnlichen Reparaturen, wovon oben Erwähnung geschehen. Ferner:

Die Gefahr oder das Risiko, welchem aus natürlichen oder zufälligen Gründen, die abzuschätzenden Ländereien unterworfen sind: so wie z. B. die Gefahr Überschwemmungen im Sommer ausgesetzt zu seyn, oder die, zu irgend einer Jahreszeit durch Fluthen beschädigt zu werden, erforden reifliche Erwägung. Denn obschon man in der Regel diesen Übeln durch Buhnenwerke und Deiche begegnen kann, so ist doch die Errichtung solcher Werke meistentheils mit großen Unkosten begleitet; und die veranschlagten Kosten derselben sind daher ein sehr angemessener Abzug.

Es giebt zwei praktische Methoden der Abschätzung, in Hinsicht auf Abgaben und andere Ungelder (wie z. B. die Zehntabgaben) nämlich, entweder den Gesammter-

16) Z. B. Behufs der Gefängnisse und Korrektionsanstalten. Die letztern haben in mehrern Grafschaften unter Communalvorsorge eine musterhafte Vollendung erreicht.

trag der Ländereien festzusetzen, und alsdann die Ungelder abzuziehen; oder sie unter den Belastungen der Ländereien zu berücksichtigen, und so in einem summarischen Wege den reinen Ertragswerth abzuschätzen. Diese letzte Methode ist die gewöhnliche, aber die weniger zuverlaßige.

Soviel nun über die Abschätzung zum Behuf des Verkaufs von Grun stücken.

Inzwischen unter den Zubehörungen eines bedeutenden Gutes, giebt es gewöhnlich noch andere wichtige Gegenstände, welche Rücksicht verdienen; als:

Mineralien und Fossilien, — entweder Metalle, — brennbare, kalkhaltige Stoffe, oder fette Erden.

Gewässer, welche nützlich sind, entweder zu Fischereien, Fängen, zu Mühlen, zu häuslichen Zwecken, oder zur Bewässerung von Ländereien.

Holz, in Wäldern und Hecken.

Gebäude, welche nicht mit den Höfen verpachtet sind, welche aber eine Rente ragen, unabhängig von der der Ländereien: die indeß, wenn sie auf einem Gute umher zerstreut liegen, wohl als zum Landeigenthum gehörig anzusehen sind.

Man füge hinzu, den abgeschätzten Werth von augenscheinlichen Verbesserungen, — und endlich

die abgesonderten Rechte, welche von den eigenthümlichen Grundbesitzungen oder deren Pertinentien entspringen; als:

Das Recht zur Gemeinhut, welches gewöhnlich von einigem Werthe ist, selbst wenn die Gemeinländereien offen liegen, und von höherem Werth seyn möchte, wenn sie eingehägt würden; vorausgesetzt nämlich, daß nicht die Kosten der Einhägung höher sollten zu stehen kommen, als die zu erwartende Steigerung des Werths der ausgemarkten Grundbesitzungen, über den Werth des Rechts, die Gemeinheit in ihrem offenen (unausgemarkten) Zustande — als Hütung — zu nutzen.

Das Recht der Ober- oder eigentlichen Lehnsherlichkeit (seigniority), zu Erbzins (feefarmrent), oder andern Bekenngeldern, zahlbar an den Besitzer des zu verkaufenden Gutes, von den Ländereien anderer Eigenthümer.

Die Rechte der landsäßigen Lehns- oder Gutsherrlichkeit (mancrial rigths). Der Werth der Feudalrechte ist abzuschätzen nach den quitrents (s. S. 5) Laudemien, Heergewetten (besten Häuptern), Heimfällen und Geldbußen (escheats and amerciaments), welche eine lange Gewohnheit und eine Folge von Umständen, dem betreffenden (Gerichts-) Hofe des landsäßigen Guts zugetheilt haben. Außerdem was die ausgemarkten Ländereien des Hofgebiets (manor) betrifft, hat der Lord eine Einnahme von den in Gemeinheit liegenden Ländereien (wenn es dergleichen darin giebt) als Herr des Bodens, welcher nicht ohne seine Erlaubniß aufgebrochen werden darf. Daher gehören ihm auch sowohl die Fossilien und Mineralien, welche der Boden bedeckt, als das Holz, welches auf der Gemeinwüste wächst, und die daranstoßenden Gewässer. Ausserdem ist er der Regel nach Herr des Wildes, welches auf seinem Gebiet sich aufhält, oder darüber hin schweift. Dies jedoch, da es mehr ein Recht des Vergnügens als des Nutzens ist, hat keinen festen Maaßstab der Abschätzung.

Das Recht des Zehntens, wenn es einem Gute angehört, ist das wünschenwertheste von allen abgesonderten Rechten, die aus dem Landeigenthum entstehn. Denn, so weit als dies Recht sich erstreckt, (es beziehe sich auf eine Pfarre, oder auf eine Vicariatspfründe, werden die Ländereien auf welche es gerichtet ist, in der That zehentfrei; indem ein jeder gescheuter Eigenthümer die Zehntrenten den Renten derjenigen Ländereien aus welchen der Zehnte gezahlt wird, einverleiben — und dadurch (wenn die Befugniß, wie es gegemeiniglich der Fall ist, auf eine Pfarre sich bezieht,) selbige gänzlich von der Belastung des Zehnten, einer Auflage auf Verbesserungen, befreien wird.

Der Werth der Zehnten ist, wie schon angemerkt worden, so abwechselnd, daß nichts anders als locale Erkundigung den Abschätzer in Stand setzen kann, sie mit hinreichender Zuverlässigkeit zu veranschlagen.

Was das Patronatrecht und die Theilnahme an Parlamentswahlen betrifft, welche mit einem Landgute verknüpft seyn können, so ist hier die bloße Aufzählung jener Rechte hinreichend.

Im Vorgange habe ich es nun versucht, die besondern Umstände auseinander zu setzen, worauf der Werth eines Landgutes beruht, und die Belastungen, welchen es unterworfen ist. Die Differenz zwischen beiden, ergiebt den reinen Verkaufswerth.

Das Geschäft des Kaufens kommt nun zunächst in Betrachtung.

Es giebt zwei Methoden, den Handel zu schließen, die eine durch öffentliches Gebot, die andere durch einen Privat-Contract. In beiden gehört ein gewisser Grad von Vorsicht zur gemeinen Klugheit; bei der ersten ist, wenn die Bedingungen einmahl fest stehen, eine genaue Abschätzung die beste Sicherheitsmaaßregel, und bei der letzten ist, unter rechtlichen Leuten auch wenig mehr erforderlich.

Unter den Präliminarien eines Kaufes durch einen Privat-Contract, sind die besondern Umstände deren Besorgung dem Verkäufer obliegen möchte, zuerst aufzuzählen nöthig. Diese sind:

Nachweisungen des Flächeninhalts der verschiedenen zu verkaufenden Grundstücke (Siehe S. 17) imgleichen Charten oder Risse davon.

Die Art der Befugniß, wodurch deren Besitzstand regulirt wird.

Eine Nachweisung über den Besitztitel des Verkäufers, und seine Befugniß zu veräußern.

Die Art der Temporalleihe in der die einzelnen Höfe ausgethan sind; und zwar:

Falls auf Leben, das Alter der Berechtigten (nominees).

Falls für eine Periode von Jahren, — die Anzahl der noch nicht abgelaufenen.

Falls auf Willkür, — die Weisungen (falls dergleichen statt finden) mit welchen man die Pächter versehen hat.

Ein Auszug aus den Contractsbedingungen unter welchen die Ländereien verpachtet sind; vorzüglich von denjenigen welche öffentliche Abgaben, und Instandhaltungen betreffen; welche sich auf die Verwendung des Erbaues und auf das Umpflügen von Grasländereien beziehen, u. s. w.

Die statt findenden Renten und Einnahmen, entweder für verpachtete Ländereien, Pertinentien, oder abgesonderte Rechte; mit dem abgeschätzten Werth der nicht verpachteten Grundstücke und Wälder, imgleichen des Bauholzes, welches auf den zu verkaufenden Ländereien wächst; wie auch der Mineralien und Fossilien, die etwa darin begriffen sind.

Die Ungelder welche dem Gute obliegen.

Der zur Uebergabe bestimmte Zeitpunkt.

Der Preiß, und die verlangte Zahlungsart.

Nun wird es angemessen seyn, die Punkte der Instruktion zu bemerken, welche für den Feldmesser oder sonstigen Abschätzer eines Guts welches man kaufen will zu geben seyn würde.

Vorläufig muß man jedoch erinnern, daß in dieser Hinsicht sehr viel von der Wahrscheinlichkeit ob der Kauf zu Stande kommt und von der zur Anlegung des Ueberschlages gelassenen Zeit abhängt. In Fällen eines öffentlichen Verkaufes an den Meistbietenden, wo man keine Gewißheit haben kann, ob etwas aus dem Kaufe wird, und wo die Zeit für die Veranschlagung beschränkt ist, wird ein ohngefährer Ueberschlag von einem jeden Hofe, und eine allgemeine Nachricht von dem Werth des haubaren Holzes und der andern Pertinentien alles seyn, was man auf eine angemessene Weise ausmitteln kann.

Dagegen bei einem Privatverkauf, wo die Prüfung des zu Kauf gestellten Gutes nachgegeben, und Zeit für eine überlegte Untersuchung gestattet ist, möchte eine umständliche Nachforschung angemessen seyn; vorzüglich wenn es in aller Hinsicht wahrscheinlich ist, daß ein Handel statt finden wird. Denn die nämliche Nachweisung wird nicht blos als ein Wegweiser bei den Kauf, sondern auch als eine sehr gute Grundlage dienen, worauf man bei der künftigen Verwaltung der Güter bauen kann [17]).

17) Dergleichen Nachweisungen (Anschläge) wurden früher im nördlichen Deutschland vorzugsweise zum Behuf der Verpachtung landesherrlicher Kammergüter, oder zu Begründung des Realkredits, z. B. bei Creditassociationen angewandt, daher ihre ursprüngliche Form fast überall folgende Tendenzen hat:

1. Sie beabsichtiget die Ausmittelung des Ertrags Minimi.
2. Sie ist auf den Ertrag eines, wirthschaftlich betrachtet, ein Ganzes ausmachenden, Objekts gerichtet.
3. Sie strebt dahin, eine Controlle möglichst zu erleichtern.

Alle diese Rücksichten finden, da die Verhältnisse Englands anderer Natur sind, bei den dortigen Anschlägen in der Regel keine Anwendung.

Diese gehen — wie es auch aus demjenigen was der Verfasser darüber anführt, sich ergiebt, —

1. auf die Ausmittelung des wirklichen Ertrages der Güter, und zwar:
2. ihrer einzelnen Bestandtheile und Zubehörungen für sich betrachtet;
3) sind sie nicht zunächst zur Prüfung von Behörden, sondern zur Privatinformation des Eigenthümers und der-

Aus diesen, und aus andern Gründen, ist ein Kauf durch einen Privat-Contrakt besonders wünschenswerth für denjenigen, der öffentlichen Verkaufen persönlich beizuwohnen nicht gewohnt und mit den in Auktionszimmern vorkommenden Geschäften unbekannt ist [18]).

Die Specialien worüber man von den Abschätzern Nachricht zu verlangen hat, sind vorzüglich folgende:

Der Rentwerth von jedem Felde oder jeder Parcele, und der Zustand in welchem sie liegt, nämlich, ob als Ackerland, Wiese, Weide oder Waldland.

Der Werth des Holzes und anderer Pertinentien.

Die allgemeine Schilderung, und die Beschreibung vom Zustande der Bewirthschaftung von jedem Pacht- oder Meyerhofe, so wie der Grad der Qualifikation des Inhabers; imgleichen der bauliche Zustand der Gebäude, Thore, die Beschaffenheit der Einhägungen, Wasserläufe und Wege.

Der Betrag der Belastungen und Ungelder.

Endlich: der wahrscheinliche Werth der Verbesserungen deren das Gut etwa fähig zu seyn scheint; es sey vermöge der verschiedenen Mittel, von denen in der nächsten Abtheilung dieses Buches gehandelt

jenigen Personen, welche mit ihm in Unterhandlung treten wollen, bestimmt.

18) Der Verfasser hat an mehrern Stellen erinnert, daß er Rathschläge für die Käufer an die Hand gebe. Es bedarf kaum einer Erwähnung, daß für den Verkäufer von Grundstücken sehr oft und wenn von Veräußerungen die eine moralische Person, z. B. ein Staat unternimmt, die Rede ist, in der Regel — ein öffentliches Verfahren wünschenswerth seyn wird.

werden wird; oder durch neue Einrichtungen, und verbesserte Methoden in der Behandlung des Feldbaues, deren Einführung etwa zulässig seyn mag. Wenn man über diese verschiedenen Specialien Erkundigung eingezogen hat, so sind die Contracts-Punkte bald regulirt. Wenn nämlich die beiderseitigen Erklärungen gehörig verglichen worden, so daß kein Mißverständniß zwischen den Partheien statt finden kann, so sind der Preis, imgleichen die Termine und die Art der Zahlung die Hauptgegenstände des Übereinkommens. Ein klares Einverständniß in Hinsicht auf die Aufbewahrung der Besitz-Dokumente, und der Unkosten des Contracts müssen indeß noch unter den Präliminarien des Kaufgeschäftes aufgezählt werden.

Das Geschäft der Unterhandlung wird am besten durch Briefe betrieben; welche Zeugen von den Handlungen bleiben. Alles was bei einer Zusammenkunft abgemacht wird, muß zu Papier gebracht, und von den Partheien selbst gelesen, oder ihnen vorgelesen werden, ehe sie sich trennen, damit keine Möglichkeit eines Mißverständnisses, entstehen könne. Als Zugabe zu dieser Vorsichtsmaasregeln wird noch bemerkt, wie es bei weitläufigen Kaufgeschäften, und wenn Auszüge aus verwickelten Besitzdokumenten anzufertigen und zu beprüfen sind, für die gegenseitige Befriedigung und Sicherheit der Partheien angemessen ist, einen Contract in gesetzlicher Form, oder einen dergleichen Rezeß wegen des Übereinkommens aufzunehmen.

Dieser Contract nun, und der Übergaberezeß, (oder dasjenige Instrument, vermöge dessen das Eigenthum gesetzlich von dem Verkäufer an den Käufer übertragen wird), kann man sagen, beschließt und bestätigt das Kaufgeschäft.

In diesem Theil desselben ist ein rechtlicher Beistand wesentlich nothwendig; um die vorhandenen Urkunden zu untersuchen, und zu sehen ob der Verkäufer eine gesetzliche Befugniß, und einen gehörig begründeten Besitztitel zu dem Lande, so wie die gesetzliche Macht hat, darüber zu verfügen; imgleichen, um das neue Instrument der Besitzübertragung zu entwerfen, zu prüfen und zu beurtheilen ob es zureichend sey, das Eigenthum auf eine gesetzliche und angemessene Weise an den Käufer zu übertragen.

Zweites Hauptstück.

Über die Verbesserung von Landgütern.

Einleitende Bemerkungen.

Die Grundlage der Verbesserung, worauf ein Praktiker mit Sicherheit und voller Wirkung vorgehen kann, ist eine genaue Zeichnung nach Maaßgabe des Zustandes so wie er ist, verbunden mit einer treuen Abschäzzang des gegenwärtigen Werthes der Ländereien, und anderer einträglicher Zubehörungen eines zu verbessernden Gutes.

Ein Generalplan von den ausgemarkten Ländereien [19]), welcher eine schnelle Übersicht von den verschiedenen Höfen und Feldern, so wie sie liegen, giebt, und ferner zeigt: die vorhandenen Wasserläufe, Deiche,

19) Dies ist der völlig analoge westphälische Ausdruck für „appropriated lands" (einzelnen Eigenthümern zugetheilte Ländereien), im Gegensatz gegen „commonable lands" in der Gemeinheit sich befindende (unzugetheilte) Hütung, in Westphalen „Mark" genannt.

Einhägungen und Gebäude, — die Gehölze, stehenden Gewässer, Moräste und Moorgründe, — die bekannten Grubenwerke und Steinbrüche, — imgleichen die in Gemeinheit liegenden Ländereien (wenn dergleichen vorhanden sind) welche zu dem Gute gehören, — gewährt einen umfassenden und brauchbaren Gegenstand des Studii für einen praktischen Verbesserer. Er ist für ihn eben das, was eine Landcharte für den Reisenden, was eine Seecharte für den Schiffer ist. Bei einem weitläuftigen Gut wird ein genauer Plan davon ihn nach wenigen Stunden in den Stand setzen, vortheilhafte Einleitungen in Beziehung auf die Verbindungen und den Zusammenhang des Ganzen, und dessen verschiedener Theile heraus zu finden, auf welche er ohne einen solchen kenntnißreichen Beistand kaum in eben so viel Tagen, Wochen oder Monate hätte kommen können. Wenn auf dem nämlichen Plan der Rentwerth von einem jeden Felde, oder von einer jeden Parcele Landes, imgleichen der jährliche Ertrag einer jeden Grube, Steinbruchs, Gehölzes, und einträglichen Gewässers, — nach Maaßgabe des gegenwärtigen Zustandes, — bemerkt wäre, so könnte man diese vorbereitende Nachricht, welche die wissenschaftliche Kenntniß zu gewähren vermag, als vollständig ansehen. Es bleibt nun dem Kunstverständigen überlassen, mit ausdauernder Aufmerksamkeit den Gegenstand selbst in der Absicht zu studiren, um diejenigen Gattungen der Verbesserung, deren er fähig ist, und die angemessenen Mittel sie auszuführen, zu entdecken.

Die Gattungen der Verbesserung, welche bei Land-

eigen-

eigenthum angewandt werden können, sind zahllos. Inzwischen kann man sie unter folgende Rubriken klassificiren:

1) Die Entwässerung der Ländereien.

2) Die Aufhebung der Gemeinheit von (Hütungs-) Ländereien; (Ausmarkung).

3) Die Zusammenlegung von ausgemarkten (aber im Gemenge befindlichen) Ländereien.

4) Die Einrichtung von großen Gütern.

5) — — — des landwirthschaftlich benutztem Grundeigenthums.

6) Die Einrichtung von einzelnen Wirthsschaftshöfen.

7) Die Verbesserung von landwirthschaftlich benutztem Grundeigenthum.

8) Die Verbesserung von Waldländereien.

9) — — — — Gewässern.

10) — — — — Steinbrüchen u. s. w.

— Die erste dieser Rubriken bildet einen Abschnitt für sich; die folgenden bis zur sechsten haben Beziehung auf die Einrichtung von Landeigenthum; die vier letzten betreffen dessen Verbesserung im eigentlichen Sinn. —

Von der Entwässerung der Ländereien.

Diesem Gegenstande gebührt der erste Platz unter den ländlichen Verbesserungen; vorzüglich auf einer Insel, deren Bewohner im Verhältniß gegen ihren Ertrag zu zahlreich geworden sind, insoweit als es sich behaupten läßt, daß dadurch die Erweiterung des Flächeninhalts zunimmt [20].

Die Gattungen von Ländereien, welche unter diesem Kapitel vorzügliche Aufmerksamkeit verdienen, lassen sich in zwei Klassen theilen. Die erste enthält die Watten oder Schlickbänke von Buchten und Meerbusen, welche, obschon selten reif für eine Verbesserung dieser Art, doch in einigen Fällen nutzbar gemacht werden können; die sogenannten Veenländereien (fenlands), oder Schlickbänke welche ganz oder zum Theil mit Wasserpflanzen bestanden sind; — Marschländereien, oder solche Veene, welche einen hinlänglichen Grad von Festigkeit erlangt haben, um weidendes Vieh zu tragen, und nahrhafte Kräuter für dessen Erhaltung zu gewäh-

20) In dieser Hinsicht gehört die Lehre von der Entwässerung ganz eigentlich als ein Anhang zu der Abhandlung über die Erwerbung des Landeigenthums; die nähere Erforschung der verschiedenen Erdlagen welche die gedachte Lehre veranlaßt, ist übrigens, indem sie eins der wesentlichsten Fundamente einer regulairen Klassifikation gewährt, besonders wichtig für die Theorie der Werthschätzung der Ländereien.

ren: demungeachtet aber, gleich den beiden vorigen Gattungen, bei hoher Fluth der See, oder bei dem Austreten von Flüssen, der Überstauung ausgesetzt sind; und folglich sich sehr zur Verbesserung eignen. Diese Klasse von nassen Ländereien ist den seichten Buchten und Einläufen an der Seeküste, imgleichen den Mündungen von Flüssen nicht besonders eigen, sondern findet sich vorzüglich in dem Innern des Landes, und umgiebt die großen Ströme bis zu den mittlern Theilen der Insel.

Die andere Klasse von nassen Ländereien ist den Gegenden des Innern vorzüglich eigen. Zu dieser Klasse gehören:

1) Schwammige (bruchige) Gründe (Brücher), welche in feuchter Jahreszeit der Bedeckung mit Stauwasser ausgesetzt, doch fähig sind, von dieser Belastung, und den daraus entstehenden Nachtheilen befreit zu werden.

2) Der Grund von Seen, wovon die Ränder oft trocken gelegt werden können, so wie es auch in manchen Gegenden möglich ist, ganze Wasserpfuhle abzuzapfen.

3) Moräste, oder Seen und Pfuhle, welche mit Wasserpflanzen durchwachsen sind, so daß sich eine vegetabilische, oder vielleicht erdige Rinde auf der Oberfläche gebildet hat, welcher Wasser, oder ein dünner Schlamm zur Unterlage dient.

4) Sumpfige Gründe, welche, wenn schon öfters der vorhin genannten Gattung in Stoff und Erzeugnissen nicht unähnlich, doch eines abweichenden

Ursprunges, und in verschiedenen Gegenden gebildet sind. Diese findet man an dem niedrigen Abhange, oder am Fuße von Hügeln; sie sind durch innere Wasser hervorgebracht, welche in den Unterschichten ihren Sitz haben, und dahin wirken, den Boden dergestalt zu erkälten und feucht zu machen, daß er keine nahrhafte Kräuter hervorbringen kann; von der andern Seite aber den Wachsthum der Wasserpflanzen befördern, ungeachtet ihre Lage weit über der Fläche des Stauwassers befindlich seyn mag.

Es giebt zwei Verbesserungsmittel für die vorhin aufgezählten verschiedenen Arten von Ländereien, nämlich:

Eindeichen und

Abgraben;

wodurch viele bedeutende Striche Landes in diesem Königreiche entwässert worden sind, wiewohl viele noch übrig bleiben, die Anstrengungen der Thätigen zu reizen.

Allein es ist bloß die erste Klasse von Ländereien, nämlich solche, die zufälligen Überstauungen ausgesetzt sind; bei welchen die vereinte Anwendung von Eindeichung und Abgrabung erforderlich ist. Die Theorie dieser schätzbaren Unternehmung zeichnet sich durch anziehende Einfachheit aus. Wenn die Aussenwasser, die entweder von der Fluth (des Meers) oder von Überschwemmungen herrühren, durch eine Linie von Deichen zurückgehalten worden, und nachher wieder gewichen sind, so wird alsdenn das während dem Steigen sich gesammelte Binnenwasser in Stand gesetzt, vermöge seines eigenen Gewichtes ein Ventil (Fallthüre oder Sielklappe), welches man am Fuß der Deichschleuse angebracht hat, aufzudrücken, und abzulaufen. So werden die eingedeichten Ländereien vor Überschwemmungen geschützt, obgleich sie von Zeit zu Zeit von allen Seiten mit Wasser umgeben sind.

Der Deich ist der schwierigste und kostbarste Theil einer Verbesserung von dieser Art; seine Lage, Richtung, Materialien, und Form der Konstruktion sind gröstentheils durch die speciellen Umstände eines jeden Falles modificirt. Demungeachtet giebt es allgemeine Principien darüber, die in allen Fällen anwendbar sind. — Die Lage eines Deiches muß so seyn, daß seine Basis nicht ohne Noth der unmittelbaren Wirkung der Wellen, oder des Stromes ausgesetzt ist.

Wo die Quantität des Wassers ihre Gränzen hat, so wie man bei dem Austreten von gewissen Flüssen, es dafür annehmen kann: da erfordert der Deich in dem nämlichen Verhältniß weniger Höhe und Stärke, als man dem Wasser Raum gelassen hat, um sich darin auszubreiten, und auch die Gewalt des Stromes wird in einem ähnlichen Verhältniß geschwächt werden. Man erinnere sich indeß in allen Fällen, wo das Flußbette dem Übel ausgesetzt ist, durch Moder verschlämmt oder verschlickt zu werden, daß in eben dem Verhältniß als der Raum verengt wird, in welchen man das Wasser beschränkt, dessen Lauf stärker, — und, der Regel nach, um so viel weniger Schlick abgesetzt werden wird.

Die Biegungen einer Eindeichung müssen sanft seyn, — ohne scharfe Winkel, — um der Gewalt des Stromes, oder der Meeresfluth den mindestmöglichen Wiederstand zu leisten. In der Bauart, oder der Form eines Deiches giebt es gewisse Grundsätze, die man zu beobachten hat. Dessen Höhe und Stärke sollte immer im Verhältniß mit der Tiefe und dem Gewicht des Wassers stehn, welches er auszuhalten hat, und um seine Festigkeit zu verstärken, sollte sich die innere Böschung wie ein Strebepfeiler dagegen lehnen. Allein es ist die Errichtung der äußern Böschung, wovon seine Stärke, Festigkeit und Dauer vorzüglich abhängen. Diese sollte allmälich abfallend gemacht werden, bis zu einer Art von Flachheit, — in der doppelten Absicht, Wiederstand zu vermeiden, und das Gewicht des Wassers zu vermindern. In schwierigen Fällen mag die äußere Abdachung mit der Perpendikularlinie einen Winkel von 45° bis zu 60° bilden, nach Maaßgabe der Gewalt, gegen welche man Schutz bedarf, und der Materialien, welche man anwenden kann.

Die Materialien zu der Masse des Deiches (sowohl als der innern Abdachung) können da, wo der Grund sicher und fest ist, und der Deich in einer angemessenen Jahreszeit, ohne große Behinderung durch das Wasser, aufgeführt werden kann, — der Regel nach aus dem den einzudeichenden Ländereien eigenen Boden entnommen werden. Da wo blos das Gewicht von stehendem, oder schwach sich bewegendem Wasser abzuhalten ist, mag auch die äussere Abdachung aus dem nämlichen Material bestehen. Hingegen da, wo Gewalt, es sei Gewalt der Wellen, oder eines mächtigen Stromes, unmittelbar auf den Deich wirkt, muß seine äussere Abdachung dagegen stark gemacht werden; vorzüglich nehme man die Basis in Acht, um sie vor dem Unterminiren, dem verderblichsten und nicht wiederherstellbaren Schaden einer Eindeichung zu schützen. Daher können, wenn der Grund nicht die erforderliche Festigkeit hat, Pfähle, Balken und Mauerwerk, erforderlich seyn, um den Erfolg zu sichern. In jedem Fall sollte wohl niemand ein Werk von dieser Natur auszuführen übernehmen, ohne es gegen eine jede Wahrscheinlichkeit des Mißlingens sorgfältig zu schützen.

Die **Graben** sind nunmehr in Betrachtung zu ziehen.

Bei dem Entwerfen oder Abstecken des Hauptgrabens, oder Abzugskanals, an der Aussenseite der Eindeichung, giebt es Punkte, welche vorzügliche Aufmerksamkeit erfordern. Die Lage des Auslaufs, oder der Mündung gegen den Strom des Wassers nach welchem sie sich öffnet, ist von großer Wichtigkeit. Sie muß von der Beschaffenheit seyn, daß der Strom des aufnehmenden Wassers nicht den Kanal der Ableitung verschlämmen, sondern im Gegentheil dazu mitwirken kann, die Mündung rein, und den Kanal frei zu erhalten. Wenn es nicht wäre, um dem erforderlichen Charakter eines Elementarwerkes treu zu bleiben, so möchte es überflüßig seyn, hinzuzufügen, daß die Mündung des Ableitungsgrabens so niedrig, als die vorhandenen Umstände, und eine überlegte Verwendung der Unkosten gestatten, unter der Spülschleuse der Eindeichung angebracht werden muß; damit durch Hervorbringung eines hinreichenden Wasserzuges, die Schleuse sowohl, als die Mündung des Kanals von Stopfungen befreit werden.

Gegen die offene See, oder einen breiten Meerbusen, wo es keinen ableitenden Kanal giebt, sondern wo die Wellen an den Fuß der Eindeichung reichen, werden zwei Entwässerungsschleusen erforderlich seyn; — eine an der Aussenseite, um die Gewalt der Wellen abzuhalten, und zu verhindern, daß sie nicht die innere Werke verwüsten; die andere innerhalb, um desto wirksamer den Durchzug zu sichern. Die äussere Schleuse läuft in diesem Fall Gefahr, durch die Bewegung der Wellen etwas gehoben zu werden, und auf diese Weise viel Wasser durchzulassen, welches inzwischen durch die Sielklappe (das Ventil) der innern, welche demungeachtet in einer ungestörten Ordnung bleibt, mit Effekt aufgehalten wird [21].

Wo der Ausfluß unmittelbar hinter einem sich wendenden Gestade statt findet, und besonders da, wo die Entwässerungs-Schleuse (das Siel) aus Gründen der Nothwendigkeit, in gleicher Ebene, oder unterhalb der allgemeinen Oberfläche der Kiesbank errichtet ist, durch welche das Wasser gewohnt gewesen ist, sich einen Weg zu bahnen, da ist die Sielklappe der Gefahr ausgesetzt,

21) Es leuchtet ein, daß eine Vorkehrung dieser Art nur an den Ufern solcher Meere anwendbar ist, bei welchen Ebbe und Fluth statt finden, indem jedesmal zur Ebbezeit das von dem äussern Siel etwa durchgelassene Seewasser sich wieder verziehen kann, und hiernächst die Sielklappe der innern durch den Druck des gesammelten Binnenwassers geöffnet wird, welches dann bis zur wieder eintretenden Fluth ungehindert abläuft.

verschüttet und der Kanal, durch den Andrang einer jeden hohen Fluth, und durch jeden heftigen Sturm, der nach eben der Richtung weht zugeschlämmt zu werden; man kann ihn dann nicht ohne fortgesetzte Anwendung von Arbeit und Kosten frei erhalten.

In einem schwierigen Falle dieser Art habe ich die auslassende Schleuse durch einen bedeckten Kanal geschützt gesehn, welcher queer durch die Linie, oder den Rücken der Böschung des Gestades, in die See geführt, und so stark gebaut war, das Gewicht der heftigsten Brandungen aushalten zu können. Freilich ist dies nur mit großen Kosten ausgeführt worden, indeß demungeachtet (da die Verbesserung von sehr bedeutendem Umfange war) mit großem Gewinn. Und in einem jeden Fall, wo eine äußere Schleuse erforderlich ist, und wo sie Gefahr läuft, verschlämmt, oder mit Sand und Kies verschüttet zu werden, da ist eine große Aufmerksamkeit, auf den äußern Kanal, oder die sonstige Schutzwehr, nothwendig. Denn die Entwässerungsschleuse schneidet, wenn sie verschüttet ist, alle Communikation zwischen dem eingesperrten Wasser und den Stoffen ab, welche ihm den Weg versperren. Es kann nämlich nicht durch Erweichung der stopfenden Gegenstände, so wie die Natur sonst ihm den Weg zeigen würde, sich eine Straße hindurch bahnen, noch kann es durch Überströmen über dieselben einen Kanal bilden, und so sich in Freiheit setzen.

In gewöhnlichen Fällen kann die äußere Schleuse durch eine Pfahl-Verzäunung (Schälung) geschützt werden, oder durch einen Vorsprung (Buhnenwerk) welcher vom Fuß der Eindeichung aus, queer durch den bekannten Zug der Böschung des Gestades geht; jedoch in einer solchen Art geführt ist, daß dadurch nicht der äußere Ableitungs-Canal des Wassers gehemmt wird: und man übrigens dafür sorget, den Kies ꝛc. welchen solch eine Schutzwehr anhäufen könnte, von Zeit zu Zeit, so wie es die Nothwendigkeit erfordert, wegzuschaffen.

Man hat Entwässerungsschleusen von verschiedener Bauart. Inzwischen für den hier zur Erwägung kommenden Gebrauch ist die gewöhnliche Sielklappe welche am obern Ende in Angeln hängt, sich auswärts umschwingt, und in einen eingefugten Ramen zurückfällt, die einfachste, und unter mehrern oft die zweckmäßigste Art.

Bei dem Verfertigen und Einhängen einer Entwässerungsschleuse (eines Siels) von dieser Bauart, giebt es einige Umstände, welche Aufmerksamkeit verdienen. Das Siel muß von wohl ausgetrocknetem Holze, und doppelt gemacht werden, so daß man die Bretter oder Planken, woraus es verfertigt wird, kreuzweise über einander legt, um zu verhüten, daß sie sich nicht werfen. Die Sielklappe muß ferner genau einfallen und vollkommen in eine umgebende Fuge passen (um der Gewalt der Wellen welche sie lüpfen könnte zu begegnen); aber nicht so eng oder dicht, um darin festsitzen zu bleiben, wenn sie durch die Feuchtigkeit aufquillt. Um dies zu verhindern sowohl, als um die Dichtheit zu vermehren, sollten die Ränder nicht vierkantig seyn, sondern nach inwärts etwas schräge zu laufend gemacht werden, in der Art wie der Spund einer Tonne; wobei übrigens die

Einfugung des Rahmens, passend einzurichten ist. Überdies ist bei Aufrichtung des Schleusenrahmens darauf zu sehen daß er eine Neigung oder Senkung nach inwärts erhalte; in welcher Richtung die Thüre fester schließen, und weniger der Würkung der Wellen (in einer derselben ausgesetzten Lage) unterworfen seyn wird, als wenn sie senkrecht hienge. Doch muß sie auch nicht so flach und schwer hängen, daß dadurch der freie Ausgang des Binnen-Wassers verhindert wird.

Die Binnen-Wasser, welche innerhalb der Fläche der eingedeichten Länderei entspringen oder niederfallen, sind durch einen Hauptgraben zu sammeln; dieser wird oberhalb der Schleuse fortgeführt, und mit Seitengraben versehen um sich über jeden Theil der Meliorationsländereien zu verbreiten, dergestalt daß das Wasser von jeder Vertiefung und niedrigen Stelle, so wie es sich sammelt, abgeleitet und dadurch die Oberfläche vollständig von stehendem Wasser befreit wird; wobei man blos so viel aufbewahrt, als zum Gebrauch für das weidende Vieh erforderlich ist.

Wenn fremde Wasser einen natürlichen und gewohnten Lauf durch die eingedeichte Fläche haben, so kann es nothwendig gefunden werden, passende Dämme in gehörigen Entfernungen auf beiden Seiten des Stromes zu errichten, um das Überstauen der Fläche zu den Zeiten der Fluth zu verhindern.

Da wo sich kein Auslauf anbringen läßt, der niedrig genug läge, um die Fläche gänzlich von Aufwasser zu befreien, muß man (wenn auch keine fremde Wasser hinderlich sind) einen eingedeichten Kanal oder Behälter anlegen, um den erforderlichen Auslauf zu erhalten, — und die in den niedrigen Gründen befindlichen Wasser in diesen Behälter zu werfen,. — wozu eine Abmahlmühle dient: da man dann durch Kunst erlangt, was die Natur versagte.

Ein eingedeichter Kanal kann, wenn die Deiche hoch genug aufgeführt, oder weit genug von einander gelegt sind, um eine hinlängliche Wassermasse zwischen sich aufnehmen zu können, einen anderweitigen Nutzen haben, welcher, in manchen Fällen von der höchsten Wichtigkeit für eine Verbesserung dieser Art seyn kann. Vermittelst der Hülfe von zusammenfallenden Thoren (solchen, wie man gewöhnlich bei Schleusen in schiffbaren Kanälen sieht) die am niedrigern Ende dieses Kanals oder Behälters angebracht werden ist man nämlich im Stande eine Masse Wassers zu sammeln, und schnell ablaufen zu lassen: durch welches leichte Mittel nicht allein der Kanal der äußern Ableitung, sondern selbst dessen Mündung (wenn man die Sache gehörig einrichtet) von Zeit zu Zeit von Stopfungen gereinigt werden kann.

Ferner läßt sich, wenn fremde Wasser von einer guten Beschaffenheit durch die Meliorationsländerei ziehen, ein eingedeichter Canal vortheilhaft zu einem andern nützlichen Zweck, dem, die Ländereien zu bewässern, anwenden.

Endlich wird man da, wo fremde Wasser, welche keinen natürlichen oder zufälligen Lauf durch die Länderei haben, nach Willkür hingeleitet werden können, wenn solches mit mäßigen Unkosten ausführbar ist, sie mit sehr großem Vortheil zu einem von oder zu beiden vorgenannten Zwecken anwenden können [22]).

Abgrabung. Die Gattungen nasser Ländereien welche blos der Hülfe der Abgrabung bedürfen, sind oben aufgezählt worden; nämlich:

1) Bruchige Gründe.
2) Der Grund von Seen.
3) Moräste.
4) Sumpfige Gründe.

1) Bruchige Gründe. Unter dieser Benennung begreife ich Inland-Veene, niedrige Marschen, feuchte Wiesen, und dergleichen flache Weideländereien, welche keinen Überschwemmungen unterworfen sind, doch aber durch das auf der Oberfläche sich haltende Wasser leiden, und von dem Vieh in feuchten Jahreszeiten durchgetreten werden; weil entweder die unterhalb vorhande-

22) Es war theils überhaupt nicht die Absicht des Verfassers, die Lehre von der Eindeichung umständlicher abzuhandeln, theils aber hat er sie auch in diesem Abschnitt nur aus dem Gesichtspunkt erörtern können, als sie auf die Entwässerung, also eigentlich mehr auf den Gewinn neuen außerdem unnutzbaren Landes, als auf den Schutz des vorhandenen kultivirten gerichtet ist. In der zuletzt gedachten Beziehung handelt jedoch der Verfasser diese Materie auf eine sehr befriedigende Weise in dem siebenten Abschnitt ab (Siehe S. 49.), welcher unter den in die zweite Abtheilung gezogenen der wichtigste ist. Die englische Literatur steht übrigens in Hinsicht des Deichbaues der deutschen weit nach, in welcher genannt zu werden verdienen: Hunrichs praktische Anleitung zum Deich- Siel- und Schleusenbau, Bremen, zwei Theile 1770—1782; Reinhard Woltmann: Beiträge zur hydraulischen Architektur, 4 Theile, Gött. 1791. Albert Brahm: Anfangsgründe der Deich- und Wasserbaukunst, 2 Theile, Aurich 1767.

nen natürlichen Wasserläufe sich in einem vernachlässigten Zustande befinden, oder man keine künstliche Leitungen eröffnet hat, um sie von dem Aufwasser so wie es sich sammelt, gleich zu befreien.

Ländereien von dieser Gattung sieht man gegenwärtig vorzüglich in ausgelichteten Forsten oder in andern unausgemarkten und unkultivirten Wüsten. Wo die Ausmarkung der Ländereien statt gefunden hat, da bemerkt man sie weniger. Doch selbst da sehen wir in einer feuchten Jahrszeit nur zu oft Wasser auf der Oberfläche stehen, zum großen Nachtheil der zu erndtenden Frucht sowohl, als der künftigen Fruchtbarkeit des Bodens. Eine noch größere Menge von ausgemarkten Ländereien wird durch dasjenige Wasser in Nachtheil gesetzt, welches in den Furchen und Graben ruht, aus Mangel an gehörigen Hauptgraben, oder an allgemeinen Abzugs-Kanälen und Gesetzen welche die von Zeit zu Zeit vorzunehmende Räumung und Reinigung derjenigen einschärfen, welche durch die Weisheit unserer Vorfahren angelegt worden sind.

Es ist höchst wahrscheinlich daß ein sehr beträchtlicher Theil der niedrigen Ländereien Englands, welche nun von Wasser frei sind, in ihrem natürlichen Zustande Überschwemmungen unterworfen waren. Dies erhellt aus der dichten leimartigen Mengung des Bodens, und der dünnen Decke von schwarzer vegetabilischer Erde, welche an den Stellen die nie vom Pfluge berührt worden sind, noch jetzt die Oberfläche solcher Ländereien bedeckt. Man findet viele dieser niedrigen, flachen Grasländereien, die gegenwärtig ziemlich trocken liegen, desgleichen weitläuftige Striche ackerbarer Ländereien, deren Boden gegenwärtig vollkommen von Wasser frei ist, deren Abzüge und Gräben sich jedoch in feuchter Jahreszeit bis zum Rande füllen. Daraus sowohl als aus der an sich weniger zuverlässigen Bekundung der Sage in niedrig liegenden Distrikten, erhellt es mit gleicher Wahrscheinlichkeit, daß man in der Vorzeit viel Anstrengung angewandt hat, um das Land von dem Zustande zu befreien, in welchen es Natur und Zeit, in Hinsicht auf die gegenwärtig zur Betrachtung gezogenen Ländereien gesetzt hatten.

Das Lehnssystem war besonders günstig für Werke dieser nützlichen Absicht; und seit dessen Verfall ist von den manorial courts (Jurisdiktionen der landsäßigen Güter) welche es überlebt haben, mehr oder weniger geschehn um dessen weise Anordnungen in Kraft zu erhalten. Allein diese Gerichtshöfe haben jetzt ihr gesetzliches Ansehen beynahe ganz verloren, und sind außer Thätigkeit gekommen. Selbst da, wo sie noch in Kraft sind, wird der Theil der Angelegenheiten, welcher die öffentlichen Kanäle und Wasserleitungen betrifft, gewöhnlich vernachlässigt. Aus diesen Gründen kann man annehmen, daß das Land in Hinsicht dieses wichtigen Zweiges der ländlichen Oekonomie und innern Polizei rückwärts gegangen ist, und in einem allgemeinen Gesichtspunkt betrachtet noch in dieser Bewegung fortfährt [23].

23) Diese Bemerkung des Verfassers wird dadurch nicht widerlegt, daß im speciellen, wie z. B. in Cambridgeshire und Lancashire, Fortschritte gemacht werden; dort wurden sie nur durch den Einfluß großer Grundbesitzer möglich. Die

Was ich nun an diesem Orte der Aufmerksamkeit von Geschäfts-Männern zu empfehlen habe, ist, da wo nur irgend die geringsten Überbleibsel von **Manorial Courts** statt finden, Geschworne wegen der Kanäle oder Wasserleitungen anzustellen. Selbst da, wo eine dergleichen Deichschau nicht gehalten wird, würde es auf einem weitläuftigen und ein zusammenhängendes Ganzes bildenden Gute gewiß von günstiger Würkung seyn, stehende Commissionen zu ernennen, die jährlich, oder auf sonstige Weise aus den Hintersaßen erwählt würden, um für die gehörige Einrichtung der öffentlichen Wasserleitungen zu sorgen.

2) Seen. Diese sind in England selten, mit Ausnahme eines bergigen Distrikts. Aber große Wasserpfuhle oder Teiche werden in den ebnern Gegenden häufig gefunden, und viele von denselben mögen sich dazu eignen, abgelassen, so wie ihre Becken, zu landwirthschaftlichen Zwecken angewandt zu werden.

Der erste Schritt, bei einer Verbesserung von dieser Art ist, mit zureichender Sorgfalt die Beschaffenheit des Becken zu untersuchen, welches, wenn das Wasser weggeschafft worden, ein Gegenstand des Anbaues werden

brittische Wasserbau-Polizei hat darin keine Stimme, kann also freilich, (was weder außer den Grenzen der Möglichkeit noch der Erfahrung liegt), keinen Schaden thun, aber auch keinen hindern. Die nach dem alten Deich- und Sielrecht bestandenen, zum großen Nachtheil nach und nach aufgelöseten ländlichen Korporationen sind übrigens wahrscheinlich älter als die Eroberung, angelsächsisch friesischen Ursprungs.

den soll. Wenn es von einer unfruchtbaren Natur ist, und ohne einige wahrscheinliche Mittel der Kraftvermehrung in der Nähe, so wäre die Absicht einer Verbesserung durch Abgrabung in der Hauptrücksicht vereitelt. In einem solchen Falle mag das Wasser selbst der angemessene Gegenstand werden, welcher einträglich zu machen ist.

Es ist indeß zu bemerken (wenigstens in so weit als von Bergseen die Rede ist, durch welche Flüsse oder große Ströme ihren Lauf nehmen, eine gewöhnliche Eigenthümlichkeit brittischer Seen), daß wenn auch die Becken an ihrem niedrigern Ende nichts weiter enthalten mögen, als ein Bett von reingewaschenem Kies, ohne eine für die Zwecke des Anbaues zureichende Mischung artbaren Bodens; doch gegen das obere Ende und an den Seiten der Seen, — wenn sie irgend Landüberschwemmungen aufnehmen, — aus dem Rückstande welchen trübe fließende Wasser fallen lassen, indem sie in einen stillstehenden oder langsam sich bewegenden Zustand gerathen, Schlickbänke gebildet werden. Es ist daher nothwendig, daß man verschiedene Gegenden eines Sees untersucht, bevor ein zureichend genaues Urtheil über den Gesammtwerth des Grundes, den er nach seiner Entwässerung erlangen wird, gefällt werden kann.

Ferner ist in Erwägung zu ziehen, daß in vielen Fällen die Ränder eines Teiches oder Sees ohne viele Schwierigkeiten oder außerordentliche Kosten trocken gelegt werden können und daß, wenn schon die mehr nach der Mitte zu liegenden Theile die besten Eigenschaften zum Gebrauch für den Ackerbau haben mögen, die Ränder fast in jedem Falle mit Vortheil, jederzeit aber zur Zierde des übrig bleibenden Wassers, zu Pflanzungen angewandt werden können.

Wenn die Beschaffenheit des Beckens, die Tiefe des Wassers womit es bedeckt ist, und der vorhandene Fall um es abzuleiten, ausgemittelt sind, so ist der nächste Schritt den man zu thun hat, der, den natürlichen, oder den angemessensten Lauf des Ableitungsgrabens zu bestimmen und auszumitteln wem die Ländereien, durch welche er gezogen werden muß, zugehören, damit das Werk in seinem Fortgange mit keinen Hindernissen zu kämpfen habe. Endlich muß man die verschiedenen Erdschichten, deren Durchstich erforderlich seyn würde, nach Maaßgabe der nöthigen Breite und Tiefe des Grabens, die ganze Strecke hindurch genau kennen; damit vor dem Anfange des Werkes die gesammten Kosten mit zureichender Genauigkeit geschätzt werden können. Denn hievon, und von dem statt findenden Werthe des Gewässers verglichen mit dem abgeschätzten Werthe der unkultivirten Länderei welche es bedeckt, wird allemal die Zweckmäßigkeit des Unternehmens abhängen.

3. Der Morast oder tiefe moorartige Sumpf, ist gegenwärtig seltener geworden, als er es in vormaligen Zeiten auf diesem Theil der Insel war. Die Binsenmoore im westlichen England und manche Theile der Veene und Marschen an der östlichen Seite des Königreichs, haben aller Wahrscheinlichkeit zufolge ehedem jene Gestalt gehabt.

In dem Verfahren der Natur, stehende Gewässer in Land zu verwandeln, kann man den Zustand des

Morastes als die mittlere Stufe ansehen. Da wo der See oder Teich noch zu tief für die größern Wasserpflanzen ist, welche in der Gegend einheimisch sind, um daß sie die Oberfläche erreichen könnten, da findet in dem Verfahren so lange ein Aufschub statt, bis eine solche Quantität erdiger Stoff von den benachbarten Hügeln, in den Wasserstürzen bei heftigen Regengüssen herunter geführt worden ist, welche hinreicht um den Grund des aufnehmenden Beckens zu der erforderlichen Höhe zu bringen. Allein wenn dies geschehen ist, so wird die Oberfläche des Wassers schnell mit den Blättern und Trieben von Wasserpflanzen bedeckt, welche man als die ursprünglichen Keime oder ersten Grundlagen des Morastes betrachten kann.

Bei fortwährenden Zugaben von frischen erdigen Substanzen vermehren sich Anzahl, Stärke und Gattungen der Pflanzen so lange bis die Oberfläche völlig mit vegetabilischen Substanzen bedeckt ist, und das Wasser verschwindet. Wenn die Anhäufung von angeschwemmter und vegetabilischer Materie fortdauert, so bildet sich aus absterbenden Vegetabilien und daran hängenden erdigen Theilchen eine zarte Rinde oder Narbe; in dem Verhältniß wie diese in Substanz zunimmmt, erscheinen darauf Moose und das Geschlecht der Sumpfpflanzen, oder die Art, die man obere Wasserpflanzen nennen könnte. Diese gewinnen nach und nach Besitz von der Oberfläche, indem sie in ihrem Fortschritt ihre ursprünglichen Stützen zerstören, und hernach auf ihren Überbleibseln in einem Zustande von vegetirendem Schimmel schwelgen.

Dann hat die Stufe des Morastes begonnen. Die Ebene, oder der Raum der Oberfläche besteht nicht mehr aus Wasser, oder aus Pflanzen; sondern aus Boden, im Zustande der Kindheit. Wenn nun irgend diese erdige Rinde sich befestigt hat, und nicht Gefahr läuft, durch Überschwemmungen aufgerissen oder gestört zu werden, so wird der gesammte angeschwemmte Stoff auf der Oberfläche niedergelegt; das Wachsthum des Bodens nimmt dann natürlicherweise in dem Verhältniß der Quantität deponirter Materie zu.

Da wo die Masse des Stauwassers groß ist, und die Hügel und gegen den Morast sich hinsenkenden Gründe, aus einer tiefen erdigen Substanz bestehen, besonders da, wo sie unter dem Pfluge gehalten werden, ist der Anwuchs des Bodens schnell. Nach einer Reihe von Jahren machen die obern Wasserpflanzen, wenn an sie die Reihe kommt, nahrhafteren Kräutern Platz. Diese laden Weide-Vieh ein, dessen Gewicht dazu beiträgt, die Festigkeit des Bodens zu vermehren und die Qualität der Weide zu verbessern.

In einem ähnlichen stufenweisen Gange sind augenscheinlich viele von den gegenwärtig reichen Marschländereien (deren oben Erwähnung geschehn) geschaffen worden. Die Flächen welche sie gegenwärtig einnehmen, sind dadurch aus blanken Teichen, oder aus noch größeren Wasseransammlungen in die nützlichen Gattungen von Land, wie man sie jetzt findet, umgewandelt worden.

In weniger günstigen Lagen, wo die verhältnißmäßige Quantität von bodenschwangerem Wasser gering ist; oder wo die aufnehmende Oberfläche durch dicht verwebte Reiser von Gewächsen eine Vormauer hat; oder wo der Boden, obgleich unter dem Pfluge, doch nicht geeignet ist, sich dem Wasser anzuhängen, auch da wo der Boden und die Unterschichten von einer Wasser durchlassenden Beschaffenheit sind; da ist der Gang auf einer jeden Stufe langsamer. Folglich finden wir in solchen Lagen, statt eines reichen festen, mit nahrhaften Kräutern besetzten Bodens, jetzt werthlose Moräste: oder vielleicht einen Rand von Torfgrund, während die tieferen und mehr nach der Mitte hin liegenden Theile der Fläche noch in dem Zustande eines blanken Wassers bleiben.

Es ist ferner zu bemerken, daß in ebneren Lagen, und da, wo die Ränder die vorbeschriebene Incrustation erhalten haben, die Oberfläche des Morasts nach Maaßgabe der Natur des Wassers, des Bodens und der Pflanzen-Gattungen woraus jene Rinde gebildet ist, mehr oder weniger Macht hat, sich über das tiefe Wasser auszubreiten, ohne dazu des Beistandes derjenigen Wasserpflanzen zu bedürfen, welche aus dem Grunde herauf wachsen. Inzwischen gehört dies zu denjenigen Verfahrungsarten der Natur, welche die Kunst nicht füglich nachahmen kann.

In solchen bergigen und unebenen Gegenden, wo das Wasser von einer unfruchtbaren Beschaffenheit und wo wenige Erde vorhanden ist, die sich damit verbinden könnte, welche vielleicht überdies eine für Vegetation ungünstige Qualität hat, — findet man kleine Seen, Teiche und flache Wasserbecken in ihrem ursprünglichen Zustande, indem sie nie mit Erfolg durch vegetabilische Eroberer angegriffen worden sind. Dies findet in der Maaßgabe statt, daß ihre Ränder noch jetzt durch das flüssige Element bespült werden, eben so wie es wahrscheinlich Jahrhunderte hindurch der Fall gewesen ist, und wie es ohne Zweifel so lange bleiben wird, bis bei irgend einer künftigen Umwälzung, in Rücksicht der nunmehrigen Bildung der Oberfläche welche sie einnehmen, ein Wechsel eintritt.

Die Mittel der Verbesserung von Morästen kann man ziemlich klar aus der Methode, welche die Natur anwendet, entnehmen. Eine reiche Anschwemmung, — nämlich fruchtbarer Boden welcher dem fließenden Wasser anhängt und davon auf das Meliorationsterrain als Niederschlag sich senkt, — ist das wünschenwertheste Mittel, wo man es in hinreichender Menge haben kann.

Falls schlickhaltige Wasser durch einen Morast laufen, ohne ihre Schätze auf dessen Oberfläche niederzulegen, so ergiebt sich eine passende Methode der Natur beizustehen, (in solchen Fällen wo die vorhandenen Umstände es gestatten) von selbst; nämlich die, einen Damm queer vor dem niedrigen Ende des Morastes zu ziehen, und durch dies einfache Mittel dessen Oberfläche in Zeiten der Überschwemmung mit ruhig stehendem Wasser zu bedecken. Dadurch wird, wenn die Fläche mit dem Zufluß des Wassers im Verhältniß steht, die Aufhaltung seines gesammten Inhaltes und dessen Ausbreitung auf das Meliorationsfeld, mit geringen Kosten bewirkt.

In einem Fall, wo eine hinreichende Quantität

von natürlicher Anschwemmung nicht angewandt, aber wo durch die Hülfe eines Dammes die Oberfläche des Moors tief genug mit Wasser bedeckt werden kann, um ein flaches Boot queer über die Fläche hinzutragen, da lassen sich erdige Substanzen von den Rändern her wegflössen und über die auf der Oberfläche liegende Narbe streuen. Dann giebt es auch Fälle, in welchen eine künstliche Anschwemmung gebildet, und mit Nuzzen angewandt werden kann, indem man einen klaren Strom mit erdigen Stoffen in Verbindung bringt, und ihn auf eine geschickte Weise über eine moorige Fläche leitet.

Noch einer Methode, wie man die Oberfläche eines Morastes mit erdigen Substanzen bedecken kann, ist zu erwähnen. Ich beobachtete sie vor vielen Jahren in der Praxis des Herzogs von Bridgewater. In diesem Beispiel eines Unternehmens von einem beträchtlichen Maaßstabe, wurden Kanäle in die Fläche des noch weichen Morastes hinein gestochen; erdige Materialien wurden dann in Böten geführt, und über die Oberfläche des losen Moorbodens, vermittelst der Hülfe von Planken und Schubkarren ausgestreut. Die Wirkung war außerordentlich. Der unbrauchbarste Moor, worauf ein Mann kaum mit Sicherheit treten konnte, wurde in kurzer Zeit Wiesenland, oder Fettweide erster Klasse, ungeachtet die angewandten Stoffe von der geringsten Qualität waren. Allein ihr Nutzen war der, zusammen zu pressen und die Oberfläche dergestalt zu befestigen, daß sie geeignet wurde weidendes Vieh zu tragen; die Fruchtbarkeit entstand durch die vegetabilische Rinde [24]) des Morastes, welche sich sehr bald über die vergleichungsweise schwerern Materialien welche man hinauf gestreut hatte, emporhob.

Diese Verbesserung geschah an einem Theile des chat-moss (so viel mir bekannt, einem der beträchtlichsten Moräste der neuern Zeiten in England) welches bis nahe an die Steinkohlenbergwerke von Worsley in Lancashire sich erstreckt. Die angewandten Materialien bestanden aus dem Abfall der Bergwerke, einer Mischung von Fossilien, Erden und Steinen verschiedener Qualität und Größe, welche aus dem Innern eines Berges in Böten gebracht, und darin nach dem zu meliorirenden Fleck geführt wurden. Bei Umständen wie diese, war das Unternehmen wohl berechnet und dessen Resultat ohne Zweifel, sehr einträglich. Es mag andere Fälle geben, in welchen ähnliche Mittel mit Nutzen angewandt werden können, besonders, wenn man die Kanäle und Böte nach Verhältniß schmal einrichtet.

Es bleibt noch in Hinsicht des Gegenstandes der Nutzbarmachung von Morästen zu bemerken, daß wenn die Substanz eines Morastes eine hinreichende Tiefe und Consistenz gewonnen hat, um für den Zweck des Ackerbaues gebraucht werden zu können, allein demungeachtet zu feucht und weich bleibt, um einträglich zu seyn — wegen einer in der Unterlage befindlichen Masse

24) Deren Dicke und humoser Gehalt nämlich hier bedeutend genug war. — In andern Strecken des nämlichen Moores welche der Übersetzer sah, hat die Natur weniger vorgearbeitet, und da sind auch die Wirkungen der Kunst weniger glänzend.

von Wasser, oder Pfütze — irgend eine Methode ausgefunden werden muß, um die überflüssige Feuchtigkeit abzuleiten. Dies geschieht durch offene Graben, da wo man sie so tief senken kann, als der Zweck es erfordert; — oder, wo dies wegen Mangel an gehörigem Fall unausführbar ist, vermittelst des Beistandes der in den Marschen üblichen Schöpfmühle; wodurch man den erforderlichen Fall erlangen, und solchergestalt den unreifen Boden auf eine feste Grundlage heruntersenken und für wirthschaftliche Unternehmungen tauglich machen kann.

Wenn die Grundlage der moorigen Erde zu niedrig liegt, um mit den Schöpfern einer Marschmühle vom Wasser befreit zu werden, so grabe man einen Ableitungsbrunnen (wovon weiter unten die Beschreibung folgt) auf der niedrigsten Stelle, und da bringe man eine, vermittelst einer Windmühle oder durch eine anderweitige Kraft bewegte Pumpe an; — oder endlich, wenn vermittelst eines Erdbohrers eine durchlassende Schichte von Sand, Kies (Grand), Kieselsteinen, oder spaltigem Fels, unter der Grundlage des Mooses entdeckt werden kann, so senke man einen Schacht (wovon gleichfalls die Beschreibung unten folgen wird) nieder bis zu einem solchen offenen Behältniß, und befreie so das darüber befindliche Land von der überflüssigen Feuchtigkeit.

4) Sumpfige Gründe sind jetzt noch zur Betrachtung zu ziehen. Sie bilden die mannigfaltigste und complicirteste Gattung nasser Ländereien; da die Ursachen, durch welche sie erzeugt worden, größtentheils

dem Blick entzogen sind, so hat dies die Folge, daß die Mittel der Verbesserung weniger in die Augen fallen, als es bei der vorhergehenden Gattung der Fall war. Hier sind es nur die äußern Kennzeichen, aus welchen man auf die wahre Ursache der Krankheit schließen kann.

Allein so wie der praktische Arzt bei dem Studio des Gebäudes des thierischen Körpers Anleitung findet, mit mehrerer Überzeugung auf dessen verborgene Krankheitsursachen zu schließen, so wird auch der Feldbauverständige, durch Untersuchung des Gebäudes der Erde, in so weit es sich dazu eignet, und durch Nachspürung der Wirkungen des darauf aus der Atmosphäre fallenden Wassers besser in Stand gesetzt, die angemessenen Mittel zu beurtheilen, um die Übel von welchen gegenwärtig die Rede ist, zu besiegen.

Der kleine Theil der Erde, welcher, indem er sich über die Oberfläche der See erhebt, in einem vorzüglichern Grade Gegenstand der menschlichen Untersuchung ist, besteht aus Materialien, die in Hinsicht auf Eigenschaften und Anordnung unendlich mannigfaltig sind. Doch gestatten sie, in so fern sie den Vorwurf wovon hier die Rede ist, betreffen, eine Eintheilung in zwei Gattungen. Sie sind entweder einsaugend (Wasser durchlassend) oder nicht einsaugend (undurchlassend): sie sind Leiter oder Nichtleiter des Wassers.

Von der letzten Gattung haben wir indeß (mit Ausnahme des Felsens ohne Öffnungen oder Ritzen, der in England selten und wenige unten zu erwähnende Fälle ausgenommen, nicht in hinreichender Ausdehnung gefunden wird, um hier in allgemeine Rücksicht genommen zu werden) nur eine Gattung: nämlich den Klayboden, oder ein starkes Verhältniß von Thonerde, gemischt mit andern Bestandtheilen, und selbst diese Gattung ist nur in einem feuchten Zustande für das Wasser undurchdringlich. Ein klayiger Boden wird in einer trockenen Witterung wie ein Sieb; besonders wenn er dünn ist und auf einer einsaugenden Basis liegt. Im Gegentheil wird ein strenger Lehm, oder ein Boden, welcher aus einem schwächern Antheil von Klay, mit Sand, oder andern Bestandtheilen zusammengesetzt ist, und welcher in einer mittelmäßig trockenen Witterung als Leiter angesehen werden kann, wenn er mit Feuchtigkeit gesättiget und von hinreichender Tiefe ist, ein Nichtleiter, oder kann wenigstens am schicklichsten als solcher in der gegenwärtigen Untersuchung gelten.

Die freien Leiter des Wassers sind: leichter sandiger Lehm-, Sand-, Kies- (Grand), Kieselsteine [25]) und offene und spaltige Felsen, von welchen die Kreide eine wichtige Gattung ausmacht.

25) Die in der Anmerk. 9 aufgeführten vier Gattungen k, l, m und n. — Der vom Verf. erwähnte, in der Natur alles Bodens liegende Unterschied zwischen Nichtleitern und Leitern gewährt für dessen Klassification das einfachste Fundament. Die freien Leiter k und l bilden in der (Anmerk. 8 und 9) erwähnten Instruction die dritte Bodenklasse (s. Anmerk. 34 und 37); m und n aber (die man vollkommene Leiter nennen kann), welche da, wo kein Überschuß an Dünger statt findet, zur regulairen Beackerung — auch in England — nicht angewandt werden, stehen tiefer (s. Anmerk. 35 und 36) und gehen zur vierten Klasse über. Das Princip der Unterscheidung und

Wegen des gleichförmigen Gefüges dieses sonderbaren und nützlichen Fossils sowohl, als wegen der weitläuftigen und tiefen Massen, in welchen es in diesem Lande gefunden wird, halten wir es für geeignet, als der angemessenste Gegenstand zunächst abgehandelt zu werden, in der Absicht, um auseinander zusetzen:

Die Wirkungen des niederfallenden Regenwassers auf das Land.

Wenn die Oberfläche eines Kreidehügels mit einem tiefen Klay, oder strengen klayigen Lehmboden bedeckt ist, wie dieser Fall bei den Hügeln von Kent und Surry häufig eintritt, sammeln sich die Wasser von heftigen Regengüssen, nachdem der Boden gesättigt ist, auf der Oberfläche so lange an, bis sie Ströme bilden, welche sie von dem Boden wegführen, und nach dem

Unterabtheilung der Boden erster und zweiter Klasse, welche — wenn schon minder oder mehr mit leitenden Bestandtheilen versetzt, — doch sämmtlich dem überwiegenden Gehalt nach aus Nichtleitern bestehen, wird theils durch die Art jener Zusammensetzung und die Tiefe der Ackerkrume, theils durch die verschiedenen Beimischungen von Kalkerde und sogenanntem Humus (s. Anmerk. 29) regulirt. (Siehe Anmerk. 32, 33, und beziehungsweise Anmerk. 31, wegen der ersten Klasse; ferner wegen der zweiten zunächst: Anmerk. 26 b., 31, 40, 42, imgleichen beziehungsweise Anmerk. 32 und 34). Wo aber bei einsaugenden und mit Nichtleitern gemischten Boden jene günstigen Zusätze gänzlich fehlen, oder ungünstige hinzutreten, und ein aufhaltender Untergrund statt findet, wodurch die Melioration sehr schwierig und der Ertrag höchst ungewiß wird, hat man den Boden zur vierten Classe gerechnet, und die Resultate mit denen der Erfahrung übereinstimmend gefunden.

Wasserlauf (Fließ), Bach und Fluß hinleiten, zu welchem die statt findende Wendung der Oberfläche ihnen die Richtung giebt.

Wenn, entgegengesetzten Falls die Kreide, wie es allgemein zu seyn pflegt, nur eine dünne Decke von durchlassendem Lehm hat, so verschluckt sie, nachdem der Boden gesättigt worden ist, jeden Regentropfen, der niederfallt. Die Hügel von Wiltshire und Dorsetshire (mit Ausnahme von einigen einzelnen Theilen derselben) lassen kein Wasser von ihrer Oberfläche weg, es sei denn, daß eine Sündfluth von Regen, oder ein plötzliches Thauwetter eintrete. Ich bin über sie gereisey, nachdem es die ganze Nacht heftig geregnet hatte; und die Flüsse, weit entfernt, über ihre gewöhnliche Höhe angeschwollen zu seyn, hatten nicht einmal ihre Farbe geändert! ausgenommen da, wo das Wasser von den Straßen hineinlief.

Wasser, welches durch eine so poröse Substanz als Kreide eingesogen wird, entgeht schnell der Gewalt der Ausdünstung und fährt fort, sich zu senken (gleich dem, welches durch eine Filtrirmaschine geht), so lange bis es auf eine nicht leitende Schichte stößt. Da sammelt es sich, und wenn die Sammlungsfläche über der Ebene der See, oder einer andern Sammlung von Wasser liegt, so treibt es heraus wie eine Quelle, oder ein reicher Sprudel: nicht allemal in einem steten Strom, sondern oft periodisch; indem die Quelle von Kreidehügeln sich in dieser Hinsicht von denen, mehr geöffneter Leiter unterscheiden: ein Umstand welcher eine philosophische Untersuchung wohl verdienet.

Man sieht die Wirkung des Wassers auf Kreidehügeln am deutlichsten an der Seeküste, wo die Basis eines Kreidefelsens auf einer nicht leitenden (undurchlassenden) Schichte ruht; indem nämlich durch die Wirkung des darauf gesammelten Wassers die Basis erweicht und ausgeschält worden, ist der Felsen unterminirt, und dessen Vorderseite stürzt ein. Da wo die Basis der Kreide bis unter die Oberfläche der See, bei niedrigem Wasserstande, reicht, gewinnt die ganze Wassermasse auf eine unbemerkbare Weise ihre ursprüngliche Behausung wieder. Ohne Zweifel findet sehr viel Regenwasser auf eine ähnliche Weise seinen Weg in die See, indem es durch andere Schichten zieht.

Tiefe Sandländereien von der Art wie der gröste Theil der Grafschaft Norfolk enthält, — sind der nächste sehr einfache Gegenstand, welcher bei Erklärung der Wirkungen des Regens auf die Erde, zu betrachten ist.

Da Sand von einer noch poröseren Beschaffenheit ist, als Kreide, und da seine Hügel oder enger zusammengepreßte Massen überhaupt im allgemeinen weit weniger Tiefe als die Kreidehügel haben, so wird die Wirkung da weit schneller hervorgebracht. — Gleich nach einem Regenschauer strömen die Quellen heraus. —

Es giebt noch eine andere, für unsere gegenwärtige Untersuchung interessantere Verschiedenheit zwischen den Wirkungen, welche durch Kreide und denen welche durch Sand, als Leiter des Regenwassers betrachtet, hervorgebracht werden. Kreide wirft gewöhnlich das Wasser an den Seiten, oder am Fuß ihrer Hügel in klaren Strömen aus, und hat auf die Oberfläche der Ländereien keine andere Wirkung als die, Verbindungskanäle für den gemeinschaftlichen Wasserlauf zu bilden, zu welchem der vorhandene Fall der Oberfläche ihnen die Richtung giebt. Die durch Kreidehügel eingesogenen Wasser geben keine Veranlassung zu einem Sumpf in der Oberlage, ausgenommen da, wo sie in der Ebene eines flachgründigen Thales in die Höhe steigen, oder darin eingeschlossen sind, und indem sie sich darüber ausbreiten, das Gedeihen von Wasserpflanzen befördern.

Dagegen sind Sandhügel ganz ungemein geeignet zu dieser verderblichen Krankheit des Bodens: welches zum Theil von einem Mangel an Einförmigkeit in ihrer innern Structur, und ausserdem von der, im Vergleich mit Kreidehügeln, ihnen eigenthümlichen Ebenheit der Basis herrührt, welche gewöhnlich auf undurchdringlichen Klayschichten liegen. Überdies ist es auch der Offenheit in der Mengung des Sandes zuzuschreiben, welche es gestattet, daß das darin enthaltene Wasser frei nach jeder Richtung sich ausbreiten kann. In Norfolk, wo die Gestalt des Bodens im allgemeinen sich der Fläche nähert, mit wenig vertieften Thälern oder Hölungen, die zwischen den Anhöhen sich verbreiten, sind die Grundlagen der Thäler häufig (oder waren noch vor einigen Jahren) von der Natur des Morastes; sie sind mit einem tiefen Moor angefüllt, dem Erzeugniß von Sumpfpflanzen, und haben Wasser, oder eine flüssige Pfütze in der Unterlage. Dies ist ein Übel, welches durch die von beiden Seiten befindlichen Sandbänke hervorgebracht wird; nicht allein die Grundlagen, sondern jene Bänke selbst sind dort oft durch Sümpfe angeschwellt, welche durch innere Wasser da gebildet worden, wo diese durch Massen von Thonmergel, die unter dem Sande zerstreut liegen, aufgehalten sind. In jedem Distrikt, und in einer jeden Lage, wo der Untergrund aus Sand besteht, oder von sandiger Beschaffenheit ist, und eine Mischung von Massen oder Adern von Klay, oder strengem Lehm enthält, wird man ähnliche Wirkungen finden.

Der **Kies** ist nun zu betrachten, und wird dazu dienen, die Wirkungen des unter der Oberfläche gesammelten Regenwassers ferner zu erörtern. Er leitet das Wasser noch freier als der Sand. Man findet ihn meistentheils in dünnen Schichten oder Adern; bisweilen in abgesonderten Massen, selten in ausgebreiteten Hügeln. In einigen Gegenden ist er beinahe rein und frei von Beimischung erdiger Materie. In diesem Zustande leitet er das Wasser wie eine Röhre, oder wenn er von beiden Seiten eingedämmt ist, so hält er es, wie eine Cisterne. Wenn eine Schichte von unterirdischem Kies (oder ein sonstiger freier Leiter) mit niederfallenden Wassern versorgt wird, so führt sie diese entweder zu der Oberfläche, — leitet sie zu einem sprudelnden Quell; oder wenn die Oberfläche zu stark verwahrt ist, um das Entweichen des Wassers zuzulassen, so sammelt sie es in Masse im Untergrunde.

Die Wirkung des so aufgehaltenen Wassers wechselt mit der Form des aufnehmenden Behälters und mit der Qualität und Dicke der Decke sowohl, als mit der Neigung der Oberfläche.

Wenn der Kies theilweise in Adern liegt und die Decke dünn und von einsaugender Beschaffenheit ist, so füllt das Wasser, wo es nur irgend der Oberfläche nahe kommt, jede kleine Spalte des Bodens, und wenn es auch gleich unfähig ist, sich als Strom einen Weg hindurch zu bahnen, so sintert es doch gelegentlich durch. Es ermuntert dadurch das Wachsthum von obern Wasserpflanzen, welche indem sie zu dick und ungenießbar für weidendes Vieh sind, da verwelken, wo sie wuchsen; und in einer Folge von Jahrhunderten abgesonderte Wälle von vegetabilischem Moder emporheben, indem ihnen, gleich der moorigen Grundlage von den mit Sandhügeln umgebenen Thälern, die Natur des Morastes eigenthümlich ist.

Wenn die aufhaltende Schichte allgemeiner und ebener unter dem Boden sich ausbreitet, und dieser von einsaugender Beschaffenheit, überdem aber so dünn ist, um leicht durchdringlich zu seyn, auch beinahe eben liegt, — dann kann ein großer Strich Landes werthlos gemacht werden, — kann ein bloßer Morast, oder ein ausgedehnter Sumpf bleiben. Aber wenn unter solchen Bestimmungen das Land einen beträchtlichen Fall hat, so wird nur der am niedrigen Ende liegende Rand beträchtlich leiden.

Ferner, wenn der Boden, oder die Decke, obgleich von einer einsaugenden Natur, doch von hinreichender Dicke und Consistenz (beides zusammen) ist, um es zu verhindern, daß die darin enthaltenen Wasser nicht nach der Oberfläche steigen können, so wird eine ununterbrochene Breite von kaltem schwachem Lande [26a]) die Folge davon seyn.

26a) Cold weak land; es ist die in der Anmerk. 9 unter litt.

Wo aber die Decke nicht allein dick, sondern auch nicht einsaugend ist, also die niedergepreßten Wasser selbst davon abhält, daß sie nicht bis zu den Wurzeln, oder nährenden Fasern der Feldfrüchte emporsteigen können, da findet man Ländereien von einträglicher Beschaffenheit; selbst im Zustande des mehrjährigen Graswuchses werden hier die feinern Grasarten hervorgebracht. Doch wegen der Kälte, welche die in der Unterlage befindlichen Wasser dem Boden mittheilen, ist im zeitigen Frühjahr die Vegetation später, und der Ertrag geringer, als er seyn würde, wenn man die Ursache seiner Kälte wegschaffte. Diese Gattung von Ländereien wird im großen Überfluß an Abhängen, und am Fuß von Anhöhen, beinahe in jedem Thaldistrikt des Königreichs gefunden [26b]).

Kieselsteine (eine in den bergigen Theilen der Insel gewöhnliche Unterlage des Bodens) wirken auf ähnliche Weise, und bilden einen noch freieren Leiter der unterirdischen Wasser, als Kies.

Felsen, wenn man sie als Leiter der unterirdischen Wasser betrachtet, zeigen verschiedene Wirkungen, nach Maaßgabe ihrer natürlichen Eigenschaften.

Der Sandstein wirkt eben so, wie Kreide und loser Sand, als ein Filtrum. Man findet ihn in Menge in verschiedenen Theilen des Königreichs.

p. aufgeführte Gattung, deren dort durch Cledge (Schluß) bezeichnete Abart durch einen (Ober-) Boden sich unterscheidet, der zwar auch einsaugend, doch hinreichend zähe ist, um die Bearbeitung eben so sehr im nassen als im völlig trocknen Zustande zu erschweren.

26b) Die Gattung *h.*

Schieferfelsen, der von einer thonartigen oder klayigen Beschaffenheit ist, widersteht im zusammenhängenden Zustande dem Durchdringen des Wassers. Aber meistentheils hat er eine Menge von Spalten und feineren Ritzen, besonders nahe an der Oberfläche, wo das Wasser leicht Eingang findet, und entweder langsam durchsintert, oder in einer Kluft — Trennung der Massen — einen Ausweg findet. Darin sich sammelnd, bahnt es sich dann einen Weg nach der Oberfläche um da als Quelle zu erscheinen; oder fährt fort sich zu senken, so lange bis es auf eine dichtere Schichte stößt, deren Richtung nach der Vorderseite eines Hügels oder eines Abhanges geht. Bei Erreichung der Oberfläche oder der äussern Begränzung des Felsens durchbricht es den Boden und giebt einem laufenden Brunnen Nahrung; wenn aber dazu die Quantität des Wassers zu geringe, oder die Dicke und Consistenz des Bodens zu stark ist, um den Ausweg in Masse zu gestatten, so verbreitet es sich unter dem Boden, oder der dicken Decke, und bringt nasses Land zuwege. Unter diesen Umständen wirkt eine Lage Schieferfelsen, eben so, wie eine Schichte Sand, oder Kies. Wenn man die Wand eines Schieferbruchs nach einem heftigen Regenschauer beobachtet, so kann man in Hinsicht der Durchsinterung interessante Entdeckungen machen. Felsen dieser Gattung finden sich häufig in Devonshire, in Wales, in Cumberland, Westmoreland, und in den westlichen Hochlanden von Schottland.

Kalkfelsen. Diese sind sehr mannigfaltig in der

Bildung und Anordnung der Theile: die weiche und körnige Gattung, woraus die Cotswoldhügel sowohl als die in der Nähe von Bath bestehen und die man in Yorkshire, Northamptonshire, und wahrscheinlich in noch anderen Theilen des Königreichs findet, hat ein poröses einsaugendes Gefüge, und das Wasser wirkt darauf wie auf Kreide. Aber die gewöhnlichere Gattung des Kalksteins, von der man behaupten kann, daß sie in jedem Bezirk des Königreichs gefunden wird, hat eine dichtere Verbindungsart. Dieser Kalkstein ist jedoch gewöhnlich in Blöcke getheilt, oder in Stücke gebrochen, obwohl man ihn zuweilen auch in zusammenhängenden Massen findet. Sehr oft scheint es, daß die Blöcke durch ein zufälliges Ereigniß in ihre gegenwärtige Lage geworfen worden sind, indem man sie durch unregelmäßige Zwischenräume getrennt findet, welche entweder mit Erde, oder mit andern fossilischen Substanzen angefüllt sind, oder welche offene Spalten und Schlünde von verschiedener Weite: und in einigen Beispielen die man kennt, Hölen von ausserordentlichem Umfange bilden *). Diese Gattung

*) Die Höle von Castleton in Derbyshire ist, wie ich glaube die prächtigste auf dieser Insel. Sie ist aus ungeheuern Felsmassen in den Eingeweiden eines in die Höhe ragenden Berges, etwa einige hundert Fuß unter seinem Gipfel, gebildet. Man sieht niederfallende Wasser, an Pfeilern von Kalkspath tröpfeln, welche letztere im Lauf der Zeit aus jenen Wassern entstanden sind; oder als Regenschauer von der erhabenen Decke fallen: und sich mit dem vollen Strom (einem wahren Giesbach) vereinigen, der sich durch das geräumige Gewölbe windet, welches den Vorhof dieses bewundernswürdigen Gebäudes der Natur ausmacht, worin man ihre geheimern Werke in Beziehung

von Kalkfelsen kann man ohne Bedenken als die freiesten und ausgebreitetesten Leiter innerer Wasser die in diesem Lande statt finden, betrachten; indeß eine andere Gattung von kalkartigem Fels gleichfalls in verschiedenen Distrikten gefunden wird, welche der wirksamste Nichtleiter ist, womit die Natur es versehen hat.

Diese besondere Gattung von Kalkstein (von der man den Kitt erhält) wird vorzüglich in dünnen horizontalen Schichten, wenige Fuß unter der Oberfläche von flachen Thalländereien gefunden; z. B. in den Thälern von Glocester und Belvoir; oder auf eben liegenden Strichen höherer Gegenden; z. B. in der Mitte von Sommersetshire, ferner bei Aberthaw in Südwales, bei Lyme in Dorsetshire, und Barrow in Leicestershire. In jedem Fall den ich untersucht habe, ist das Land, welches sich in der Oberlage befindet, ausserordentlich kalt und natürlicherweise unfruchtbar, nach Verhältniß der Qualität des Bodens an und für sich betrachtet. Der Felsen hat nicht allein an sich ein auffallend dichtes, gleichförmiges Gefüge, und ist besonders frei von Brü-

auf den vorliegenden Gegenstand mit vorzüglichem Interesse und Nutzen sieht [27]).

27) Dies letztere läßt sich auch von mehrern deutschen Hölen bemerken, insbesondere von der bei Urach in Schwaben. Diese steht in Länge und Höhe der von Castleton welche der Verfasser schildert nach; in der Breite möchte sie ihr, den in obiger Anmerkung erwähnten Vorhof ausgenommen, fast gleich kommen. Übrigens scheint sie als zusammenhängendes Ganze betrachtet, größer zu seyn, als die bekannten fränkischen und Harzhölen.

chen, sondern er ist noch überdem gewöhnlich auf Klay gelagert, welcher als Unterlage noch fortfährt, als Nichtleiter zu würken.

Man könnte noch andere Arten von Unterschichten aufzählen. Allein ich halte dafür, daß diejenigen, welche hier bereits aufgeführt worden sind, hinreichen werden, um einen allgemeinen Begriff von der Wirkung des auf Ländereien niederfallenden Regenwassers in diesem Lande zu geben.

Es bleibt jetzt noch übrig, Boden und deren Unterlagen in ihrem verbundenen Zustande in Betrachtung zu ziehen; die Gattungen und Abarten von Ländereien in diesem Lande aufzuzählen und deren Wirkungen auf Vegetation und Ackerbau auszumitteln. Es würde ausserdem schwer, oder unmöglich seyn, mit hinreichender Verständlichkeit die verschiedenen Unvollkommenheiten darzulegen, welchen Ländereien unterworfen sind, oder mit angemessener Genauigkeit die Mittel zu deren Verbesserung anzugeben: es mögen diese Unvollkommenheiten von einem Überfluß, oder einem Mangel an Feuchtigkeit herrühren.

Um ganz angemessen zu verfahren, ist zuvörderst eine Erklärung von dem Ausdruck Land, und eine Beschreibung der Theile erforderlich, die es ausmachen.

Land im Gesichtspunkt des Ackerbaues betrachtet, ist das Fundament worauf er ruhet, das Material worauf er würkt, und die sichtbare Quelle seiner Erzeugnisse. Man kann es im allgemeinen, als aus drei abgesonderten Theilen zusammengesetzt, betrachten: — nämlich, dem Boden, dem Unterboden, und der Basis, oder dem Grundbau, worauf jene ruhen.

Der Boden, oder die Pflanzenernährende Schichte, hat nicht mehrere Verschiedenheiten in der Qualität, als ihm auch in der Tiefe eigen sind. Boden cultivirter Länder haben indeß in Hinsicht auf die Tiefe gewisse Gränzen. Diese Gränzen kann man von drei bis funfzehn Zoll [28]) bestimmen. Denn wenn gleich in manchen Fällen die Bestandtheile des Landes bis zu einer größern Tiefe als funfzehn Zoll ziemlich gleichartig sind, so reicht doch Gleichartigkeit in Farbe und Pflanzen treibender Eigenschaft [29]) selten bis zu der gedachten Tiefe. Die Einwürkung der Atmosphäre, die Fasern von Gewächsen (lebenden und todten), die Unternehmungen von kleinen Thierchen, und großen Thieren, welche den Boden bewohnen, und mehr als alles andere die mächtigen Effecte des Düngers, würken dahin, die oben liegende Rinde mit Eigenschaften zu versehen, welche zu erlangen, den Unterschichten die Mittel fehlen.

Die mittlere Tiefe des kultivirten Bodens (der Akkerkrume) in England kann man, mit einer für den

28) Der englische Fuß ist etwas kleiner als der rheinländische, doch ist der Unterschied gering; 11 Zoll rheinländisch zwölftheiliges Maaß sind gleich 11⅓ Zoll englisch, wovon 12 auf einen Fuß gehen.

29) Durch diese Umschreibung (vegetative quality) deutet der Verfasser das nämliche an, was englische Chemiker (Mr. *W. Henry*, Mr. *Davy*,) durch „Animal and vegetable decomposing matter" deutsche durch Humus (von dem Hrn. Staatsrath Thaer sehr passend durch Modererde übersetzt) bezeichnen.

gegenwärtigen Zweck zureichenden Genauigkeit, auf neun Zoll annehmen. Denn wenn gleich die überwiegende Menge der kultivirten Boden des Königreichs nicht diese Tiefe erreichen mag, so könnte doch, meiner Meinung zufolge, der gröste Theil davon, bei einer angemessenen Behandlung, mit Nutzen bis zu neun Zoll Tiefe gesenkt werden.

Der **Unterboden**, oder die zwischen in liegende Schichte von Land ist in Hinsicht auf Tiefe noch weniger bestimmt. In einigen Fällen, als z. B. da, wo der kultivirte Boden auf Felsen ruhet, kann man behaupten, daß er ganz fehle, wiewohl auch da gewöhnlich eine Schichte von kiesartiger Natur, aus zerstückelter Felsmasse und Erde zusammengesetzt, dazwischen gefunden wird. In vielen Fällen nimmt ein regelmäßiges Lager von Kies, Sand oder anderer Erde den Platz zwischen dem Boden und dem Grundbau ein; während dessen in andern, eine gleichförmige Masse von erdigen Bestandtheilen sich bis zu einer großen Tiefe erstreckt. Wenn man daher eine bestimmte Dicke oder Tiefe für den Unterboden annehmen will, so kann dies, bis zu einem gewissen Grade, nur willkürlich geschehn.

Der Boden gewährt den Gewächsen des Ackerbaues Nahrung und Dauer, und der Unterboden bestimmt ihnen die Temperatur, vermöge der Feuchtigkeit und der innern Wärme. Wenn der Unterboden von solcher Beschaffenheit, oder so gelegen ist, mehr Feuchtigkeit zu empfangen, und an sich zu halten, als für das natürliche Wachsthum der Pflanzen erforderlich ist, so wird die Gesundheit derselben angegriffen. Wenn er nicht allein in seinen eignen Poren Wasser enthält, sondern es frei denen des (Ober-) Bodens mittheilt, so weichen die nützlichern Gewächse des Ackerbaues geilem Unkraute, der Boden in der Oberlage sey welcher er wolle. Wenn dagegen eine durchlassende Schichte zwischen dem kultivirten Boden und der Basis (Grundlage) liegt, welche hinreichende Tiefe hat, um zu gestatten, daß die überflüssige Feuchtigkeit, welche durch den Boden sintert, oder auf unterirdischen Wegen zugeführt wird, sich hineinziehe; so werden die kultivirten Pflanzeu von der gesammelten Feuchtigkeit da befreiet, wo die eigentliche Region ihrer nährenden Fasern sich befindet; ungeachtet der Unterbau vollauf mit Wasser belastet seyn mag.

Daher ist es da, wo die Natur das Land nicht mit diesem nützlichen Zwischenlager versehen hat, die Angelegenheit der Kunst, dem Fehler abzuhelfen.

Dies geschieht durch Ableitung der überflüssigen Feuchtigkeit bis zu einer solchen Tiefe, welche hinreicht um ihren, dem Boden nachtheiligen Wirkungen zu begegnen, und dadurch die erforderliche Schichte zu ersezzen. Bei dieser Arbeit muß sich jedoch der Unternehmer durch die statt findenden Eigenschaften der Basis leiten lassen und er kann solche selten bis zu irgend einer bestimmten oder willkürlichen Tiefe senken. Demungeachtet wird es zweckmäßig seyn, bevor wir weiter vorgehen, einen angemessenen Begriff von der erforderlichen mittlern Tiefe festzustellen.

Es hängt viel von der specifisischen Eigenschaft des Unterbodens ab. Sand wird Wasser, welches (darin) auf dessen Basis ruht, zu einer viel größern Höhe aufhalten als Kies. Eine Schichtlage Kies von einem Fuß Tiefe giebt einen trockneren Unterboden, als ein Sandlager, welches zwei oder dreimal so tief ist. Allein man findet selten reinen Sand, oder Kies, im Lande; vielmehr sind sandige und kiesartige Lehme die gewöhnlichen Bestandtheile von durchlassenden Unterboden: und diese (unvollkommenen Leiter) sind fahig, das Wasser bis zu einer beträchtlichen Höhe aufzuhalten. Wir wollen daher annehmen, daß wirkliche Unterboden von einem bis zu zwei Fuß abwechseln mögen, und die mittlere Tiefe auf achtzehn Zoll (1½ Fuß) bestimmen.

Wenn wir nun solchergestalt die mittlere Tiefe der Boden auf neun Zoll und die der Unterboden auf achtzehn Zoll bestimmt haben, so nehmen wir die Basis oder den Grundbau des Landes auf sieben und zwanzig Zoll unter der Oberfläche an; und diese Annahme der Tiefe des Landes kommt eben sowohl mit der Erfahrung als mit der Theorie überein. Bis zu dieser Tiefe kann man Graben mit mäßigen Unkosten senken: und verdeckte Steinabzüge von dieser Tiefe können wirksam seyn, da sie von den Vorkehrungen des Pflügens keine Störung erleiden. In der Praxis geschickter Werkleute wechselt die Tiefe gewöhnlicher Unterboden Abzüge von achtzehn Zoll bis zu drei Fuß, nach Maaßgabe der Umstände des gegebenen Falles und der Abzugsmethode welche man anwendet.

Nachdem wir im Vorgange versucht haben, einen allgemeinen Begriff von den Theilen, woraus Land zusammengesetzt ist, sowohl, als von deren angemessener Anordnung zu geben, so können wir nun dazu schreiten, die Hauptverschiedenheiten des Landes, in der Art, wie sie durch Boden, Unterboden und Basis bestimmt werden, aufzuzählen.

Erste Klasse. Land, welches blos von der Oberfläche her dem Wasser ausgesetzt ist, und dessen einsaugende Unterlagen (wenn dergleichen statt finden) offen sind, nämlich von der Art, daß sie das überflüssige Wasser welches sie empfangen, frei durchlassen, (als vollkommene Leiter wirken).

1ste Gattung. Der Boden, Unterboden und die Basis, aufhaltend, (als Nichtleiter wirkend), oder im Zustande der Feuchtigkeit undurchdringlich für Wasser, (wassersperrend,) so wie Klay und strenger tiefer klayiger Lehm.

2te Gattung. Der Boden aufhaltend, der Unterboden durchlassend, die Basis aufhaltend.

3te Gattung. Der Boden aufhaltend; der Unterboden und die Basis durchlassend, d. h. im feuchten Zustande, Wasser leitend; so wie Sand, Kies, offener Fels, und leichtere, offenere Lehmarten.

4te Gattung. Der Boden, der Unterboden, und die Basis durchlassend.

5te Gattung. Der Boden und der Unterboden durchlassend, die Basis aufhaltend.

6te Gattung. Der Boden durchlassend, der Unterboden aufhaltend, die Basis durchlassend oder aufhaltend [30]).

30) Von den acht möglichen Fällen der Zusammenstellung sind bis hieher sieben genannt; — unter der 6ten Gattung sind nämlich zwei Fälle begriffen. Der achte würde so

Zweite Klasse. Land, welches blos Oberfläche-Wassern (Tagewasser) ausgesetzt ist, und dessen einsaugende Unterlagen geschlossen (d. h. unvollkommene Leiter), oder von der Art sind, daß sie das Wasser nur auf eine unvollkommene Weise durchlassen; entweder aus Mangel an zureichender Tiefe, oder wegen hinzu kommender undurchdringlicher Schichten.

7te Gattung. Der Boden aufhaltend, der Unterboden einsaugend, (unvollkommen durchlassend), die Basis aufhaltend, oder einsaugend.

8te Gattung. Der Boden, und der Unterboden einsaugend, die Basis aufhaltend, oder einsaugend.

9te Gattung. Einsaugende und aufhaltende Schichten oder Massen, die unregelmäßig durch einander geworfen sind, oder doch nicht regulair mit der Oberflache correspondiren.

Dritte Klasse. Land, welches nicht blos Oberfläche-Wassern, sondern auch solchen ausgesetzt ist, welche unterirdisch sind, und welche entweder von Anhöhen in der umliegenden Gegend herunterkommen; oder unter denselben, aus tiefer liegenden Behältern emporsteigen: und dessen einsaugende Unterlagen geschlossen, und dadurch aufhaltend gemacht sind, so wie bei der zweiten Klasse.

10te Gattung. Der Boden einsaugend, oder aufhaltend; die Unterlagen einsaugend und geschlossen

auszudrücken seyn: der Boden und Unterboden aufhaltend, die Basis einsaugend. Bei solchen Umständen würde das S. 106 7ter Fall, angegebene Mittel ebenfalls anwendbar seyn.

und gleichförmig mit herabziehendem Wasser, vermittelst einer ebenen Schichte von Kies, oder freiem Sand gefüllt.

11te Gattung. Der nämliche Boden und dieselben Unterlagen, theilweise mit Wassern die durch Adern von Sand, Kies, oder durch Felsenritzen herunter kommen, gefüllt.

12te Gattung. Der Boden aufhaltend oder einsaugend; der Unterboden einsaugend und geschlossen, und gleichförmig mit herabziehendem Wasser gefüllt; die Basis aufhaltend; mit einer frei durchlassenden und offenen Unterbasis.

13te Gattung. Der Boden einsaugend, oder aufhaltend; die Unterlagen gleichförmig einsaugend und geschlossen, und mit steigenden Wassern gefüllt.

14te Gattung. Der Boden aufhaltend oder einsaugend; die Unterlagen zusammenhaltend und geschlossen, und mit steigenden und herabziehenden Wassern gefüllt.

Diese verschiedenen Gattungen von Land wird man aus den folgenden Zeichnungen deutlicher beurtheilen können, welche mit den dabei befindlichen Bemerkungen ihre abweichende Zusammensetzung hinreichend zeigen. Es werden sich daraus die Wirkungen ergeben denen eine jede derselben von dem Überfluß des Wassers ausgesetzt ist, und endlich die Mittel, es abzuleiten: wobei die doppelte Absicht statt finden kann, Ländereien für wirthschaftliche Zwecke zu verbessern, und die, einen Vorrath von Wasser zu verschaffen, z. B. für häusliche Zwecke, oder um eine leichte Maschinerie in Bewegung zu setzen, ingleichen für den Gebrauch des weidenden Viehes, und da, wo ein hinreichender Vorrath von gutem Wasser beschafft werden kann, für das Bewässern des Landes. Es ist Pflicht des Kunstverständigen, diese beiden Gesichtspunkte nie aus den Augen zu lassen.

A. Aus der Atmosphäre kommendes Wasser, welches die Unterschichten (sofern sie einsaugend sind) frei durchlassen.

1ster Fall. Der Boden, der Unterboden, und die Basis aufhaltend, (undurchlassend).

In diesem Falle, wo das Regenwasser, nachdem der Boden gesättiget worden, unfähig ist, die Oberfläche zu durchdringen, und unterirdische Wasser vollkommen von aller Gemeinschaft mit der kultivirten Erde abgeschnitten sind, ist die Einwürkung der Kunst größtentheils ausgeschlossen; indem ihre Vorkehrungen alsdann hauptsächlich auf die Oberfläche beschränkt sind, besonders da, wo die Basis eine große Tiefe hat.

Folgende Wirkungen zeigen sich bei dieser Gattung Land auf Pflanzenwachsthum und Ackerbau. Wenn der Boden durch die Winterfeuchtigkeit gesättigt, überdies vielleicht durch Frost ausgedehnt worden ist, und seine frischen Poren mit auflösendem Schnee angefüllt sind, so werden, da er keine andere Mittel hat, sich seiner überflüssigen Feuchtigkeit zu entladen, als den langsamen Gang der Ausdünstung, seine Anstrengungen aufgehalten, und seine Vegetations-Kräfte verspätet. Im Zustande des Graswuchses ist der Frühjahrstrieb, verglichen mit dem von freierm Lande, spät, und der Ertrag in feuchten Frühjahren und Sommern von untergeordneter Qualität; unterdeß übrigens der Boden zu weich ist, um das Treten von weidendem Vieh ohne Nachtheil ertragen zu können. Wenn dies Land unter dem Pfluge sich befindet, so ist es schwierig zu bearbeiten, man bezieht die Erndte davon mit Ungewißheit; während die Halme jung sind, ist es geneigt, über den Wurzeln der Pflanzen eine Rinde zu schließen, (denn klayige Boden werden durch Wasser eben so flüssig, wie Metall durch Hitze) und indem auf diese Weise der nöthige Zugang der Luft abgeschnitten wird, die Pflanze zu ersticken, oder doch ihrem Wachsthum wesentlich zu schaden [31]).

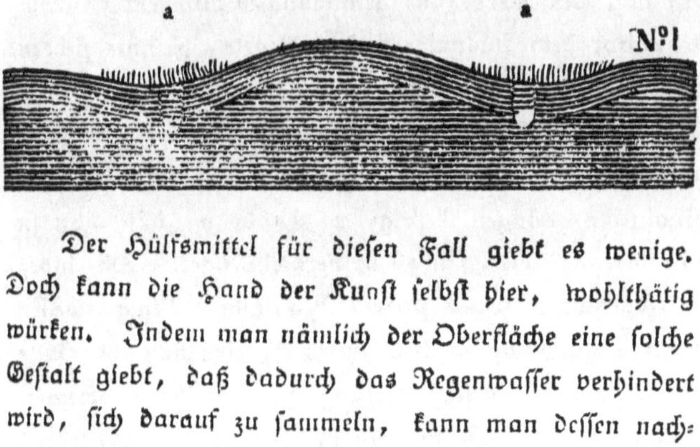

Der Hülfsmittel für diesen Fall giebt es wenige. Doch kann die Hand der Kunst selbst hier, wohlthätig würken. Indem man nämlich der Oberfläche eine solche Gestalt giebt, daß dadurch das Regenwasser verhindert wird, sich darauf zu sammeln, kann man dessen nachtheiligste Wirkungen vermeiden. Dies kann in gewöhnlichen Fällen mit Leichtigkeit und Gewißheit geschehen.

31) Die Beschreibung dieser Bodenart entspricht zunächst der in der Anmerkung 9 mit *h* bezeichneten Gattung; es gehört indeß sehr oft auch die Gattung *g* dahin. — Bei einer mit einem natürlichen Fall versehenen, den Wirkungen der Sonnenstrahlen ausgesetzten Lage und einem reichen Gehalt an Humus kommt sie mit der Gattung *b* überein.

Man lege den Boden durch die Vorkehrungen des Pflügens in schmale convexe Beete mit offenen Zwischenfurchen, Kreuzableitungen und Graben; in der Absicht, das überflüßige Regenwasser so schnell als es fällt, aufzufangen, und es seinem natürlichen Abzuge zuzuführen.

Wenn der Boden bereits in breiten Beeten liegt, und lange darin gelegen hat, besonders wenn sie zu hoch sind, um mit Angemessenheit flach gemacht werden zu können, so werden Unterabzüge (verdeckte Abzüge,) in den Zwischenfurchen (a, a) angebracht, Binsen und andere geile Unkräuter darin im Zustande des Graswuchses nicht aufkommen lassen, und werden, im Zustande der Nutzung als Acker, bei gewöhnlicher Witterung wenigstens vor dem Auswässern der gesäeten Früchte sichern. S. die Figur Nr. 1.

Wo der Boden und Unterboden von strenger klayiger Beschaffenheit sind, da zeigen gewöhnliche Unterbodenabzüge geringen Erfolg, es sey denn, daß man sie mit beträchtlichen Unkosten vervielfältiget. Ob indeß der sogenannte mole plow (Maulwurfs-Pflug, dessen unten Erwähnung geschehn wird *) eine nützliche Hülfe für Ländereien dieser Gattung zu gewähren vermag, kann nur die Erfahrung lehren.

2ter Fall. Der Boden aufhaltend, der Unterboden gleichförmig durchlassend und offen, die Basis aufhaltend.

Dieses ist eine wünschenswerthe Zusammensetzung des Landes, vorausgesetzt, daß der Boden die gehörige

Tiefe

*) Siehe S. Anmerk. 52.

Tiefe hat und der Unterboden zureichend offen ist, um den Boden von gesammelter Feuchtigkeit oder Nässe zu befreien [32]). Wenn inzwischen Land von dieser Bildung eine steile Lage, oder einen langen Abhang hat, so wird der niedere Rand dem Übel ausgesetzt seyn, überfüllt zu werden, und der Boden wird da verkümmern; besonders wenn der Unterboden sandig ist.

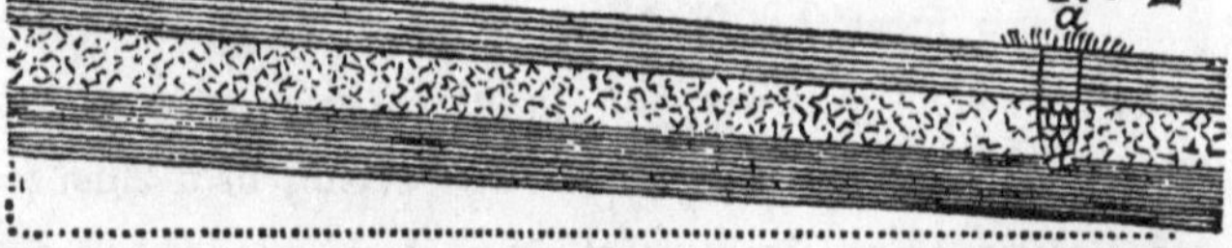

Allein das Mittel leuchtet in die Augen. Man ziehe einen Graben vorlängst, und mit einem mäßigen Fall queer durch die Böschung hin, da wo die Kennzeichen des Uebels erscheinen, wie in (a), herunter bis zur Basis; und wenige Zolle in dieselbe hinein. Dieser Abzug wird, indem er einen sichern Kanal zu Aufnahme des Wassers, so wie es sich sammelt, bildet, die erforderliche Ableitung gewähren, und mit großer Gewißheit Besserung hervorbringen.

3ter Fall. Der Boden aufhaltend, der Unterboden und die Basis durchlassend und offen.

Dies gewährt, wenn der Boden nicht bloß zähe, sondern auch tief ist, eine noch wünschenswerthere Gattung Land, als die zuletzt bemerkte, indem dabei gar eine Überladung mit Wasser statt finden kann. Von

32) Dies ist die Beschreibung der in der Anmerckung 9 mit *d* bezeichneten Gattung; bei minderer Tiefe des Bodens, die der Gattung *g*.

dieser Zusammensetzung sind die einträglichen Ländereien in der Gegend von Maidstone, und tiefe strenge Kalkländereien im allgemeinen [33]).

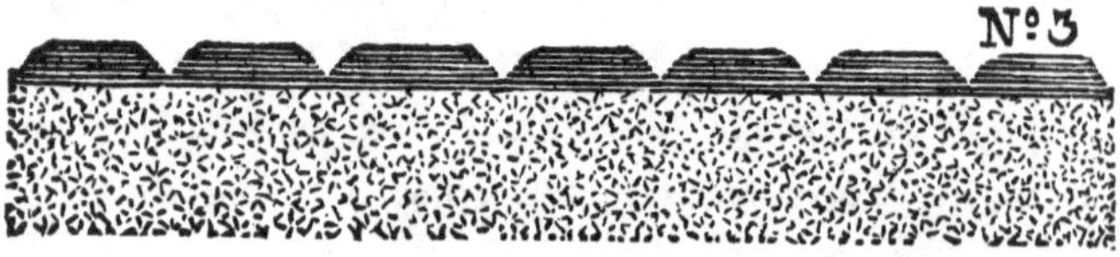
No. 3

Wenn indeß der Boden, obschon hinreichend zähe, nicht die gehörige Tiefe hat, so ist er in einer trockenen Witterung dem Versengen und der Ertrag dem Ausdorren unterworfen: einem Übel, wogegen, wie ich besorge, man es schwer finden wird, ein Mittel zu verordnen.

Den Boden in schmale flache Beete zu sammeln und dadurch seine Dicke zu verstärken (obschon er an Ausdehnung verliert) scheint mir das empfehlungswertheste Vorbeugungsmittel zu seyn. Siehe die vorstehende Figur.

4ter Fall. Der Boden, der Unterboden und die Basis durchlassend und offen.

Die Qualität oder der Werth von Ländereien dieser Gattung hängt gänzlich von der specifischen Beschaffenheit der Bestandtheile ab, woraus sie gemischt sind. Wenn diese, zugleich hinlänglich einsaugend und offen sind, um eine Überladung in der Gegend wo die nährenden Pflanzenfasern sich befinden, zu verhüten; doch

33) Hieher gehört zunächst die in der Anmerkung 9 mit *c* bezeichnete Gattung; aber auch die Gattung *a* und die Gattung *e*, je nachdem mit der bedeutenden Tiefe des Bodens eine größere Beimischung von Humus, oder ein stärkerer Gehalt von Thonerde verknüpft sind.

auch hinlänglich die Feuchtigkeit sperren, um das zu schnelle Entweichen des Regenwassers durch die Pflanzen nährende Schichte zu hindern, so erhält das Land dadurch eine vorzüglich einträgliche Qualität [34]). Wenn dagegen die verschiedenen Schichten von einer so lockern Mengung sind, daß sie dem Regenwasser gestatten, schnell niederzusinken, ohne irgend in einem zureichenden Grade durch den Boden aufgehalten zu werden, so kann man dergleichen Land für unbrauchbar zum Ackerbau erklären [35]).

Bevor wir uns auf die Angabe einer Verbesserung von Ländereien dieser letzten Gattung einlassen, wird es angemessen seyn, voranzuschicken, daß manche von den leichten Sandländereien in Norfolk, welche außerdem bis zu einer großen Tiefe gleichförmig einsaugend seyn würden, eine dünne erdige Substanz oder Sohle (Pan) haben, welche sich zwischen dem Boden und Unterboden befindet. Diese Sohle hat eine solche Mengung, daß sie das Niedersinken des Regenwassers hemmt, und es dadurch um so viel länger im Boden zurückhält, zugleich auch verhütet, daß der Dünger welcher darin enthalten ist, durch das schnelle Versinken nicht mit fortgerissen wird; dennoch aber ist sie durchlassend genug, um eine solche Überladung mit Nässe zu hindern, welche dem Ertrage nachtheilig seyn könnte. Diesem glücklichen

34) Es gleicht dann der Gattung *i*; größtentheils wird es (wie im östlichen Norfolk ziemlich allgemein) mit *k* oder *l*: es kann aber auch mit *m* und *n* übereinkommen, je nachdem die Mengung lockerer wird.

35) Dies ist bei der Gattung *n* in der Regel der Fall.

Umstande verdankt das östliche Norfolk, wie ich glaube, vorzüglich die Fruchtbarkeit seiner Ländereien. Denn wo es sich irgend ereignet, daß dieses Filtrum durch den Pflug, oder auf sonstige Weise durchbrochen wird, da wird der Boden unfruchtbar, und bleibt es eine Reihe von Jahren hindurch.

Diese Thatsache giebt auf eine natürliche Weise das Mittel der Verbesserung oder frischen Bildung eines Filtrums dieser Art an die Hand; indem man sieht, wie sehr es geeignet ist, so viel wichtige Vortheile zu Wege zu bringen: und um so mehr, da es wahrscheinlicher ist, daß der Norfolker Pan seinen Ursprung eher einer zufälligen Wirkung der Kunst, als der Natur verdankt.

N° 4

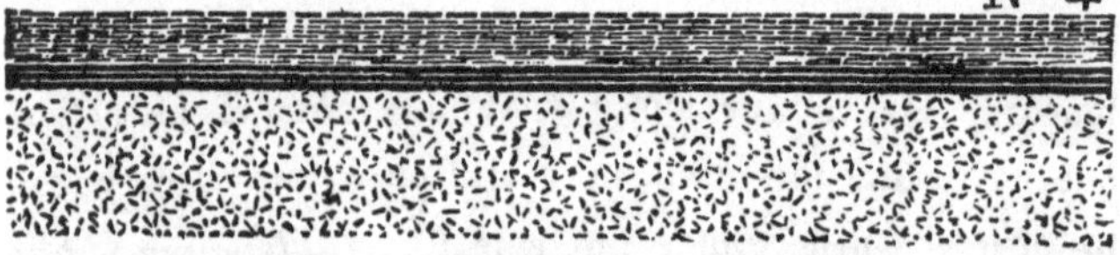

Ein Mühlstein, oder ein anderweitiger radförmiger schwerer Stein, der so eingerichtet ist, daß er auf seinem Rande in dem Grunde der gepflügten Furche, (mit deren Breite die Dicke des Randes übereinkommen muß,) vermittelst der Hülfe von einer Axe und Rädern, hingerollt werden kann, würde einen leichten porösen Oberboden beträchtlich zusammenpressen. Wenn der breite Kiel eines bootähnlichen Instrumentes, schwer beladen, auf eine ähnliche Weise befestigt und gleich einer Schleife, jener Walze nachgezogen würde, so möchten dadurch die Poren um so wirksamer geschlossen werden. Wenn man diese Vorkehrungen, je nachdem Jahreszeit und Umstände sich schicken, wiederholen sollte, so ist die höchste Wahrscheinlichkeit vorhanden, daß eine nützliche Wirkung dadurch hervorgebracht werden wird.

Der Gedanke, einen Pan künstlich zu bilden, ergriff mich zuerst in Norfolk; Zeit und Erfahrung haben mich darin bestärkt. Wenn der Versuch auf solchem Lande angestellt wird, welches mit einem des Zusammenpressens fähigen Unterboden versehen ist, so wie ein sandiger Lehm, oder der weiche Gries, welcher zuweilen zwischen einem einsaugenden Boden und einem offenen Felsen sich befindet, so kann beinahe kein Zweifel an einem guten Erfolge statt finden. Siehe die 4te Figur.

Allein bei losem offenem Kies, welcher nicht hinlänglich mit bindender Erde gemischt ist, um darin eingewickelt werden zu können, und welches auf einer offenen Basis liegt [36]), kann nur ein geringerer Nutzen davon erwartet werden.

In diesem Fall ist das empfehlungswertheste Schutzmittel gegen die Dürre, und Vorbeugungsmittel gegen die nachtheilige Wirkung, welche der Durchzug des Regenwassers durch die Pflanzen nährende Schichte hervorbringt, indem solcher die darin enthaltenen Nahrungstheile mit fortrafft, das: den Boden mit einer schweren Walze in runde schmale Beete zusammenzupressen. Man wird dadurch nicht allein die Verbindungsart des Bodens verbessern, und ihn fähig machen, mit mehrerer Beharrlichkeit das Regenwasser welches er empfängt aufzuhalten; sondern er kann auch überdies, wenn seine eigenen Poren durch anhaltende heftige Regengüsse ge-

36) Wie die Gattungen *m* und *n* in der Anmerkung 9.

stopft sind, das überflüssige in die Zwischenfurchen fallen lassen. Durch dies einfache und einleuchtende Mittel kann mit geringen Unkosten ein betrachtlicher Theil der wohlbekannten Unvollkommenheiten von den leichten Kiesländereien beseitiget werden.

5ter Fall. Der Boden und Unterboden sind durchlassend und offen, die Basis aufhaltend.

Dieser Fall ist dem vorigen ähnlich, und seine natürlichen Wirkungen sind es auch. Allein er gestattet ein sehr rathsames Mittel der Verbesserung welches in dem vorigen Fall nicht so leicht angewandt werden kann.

N°5

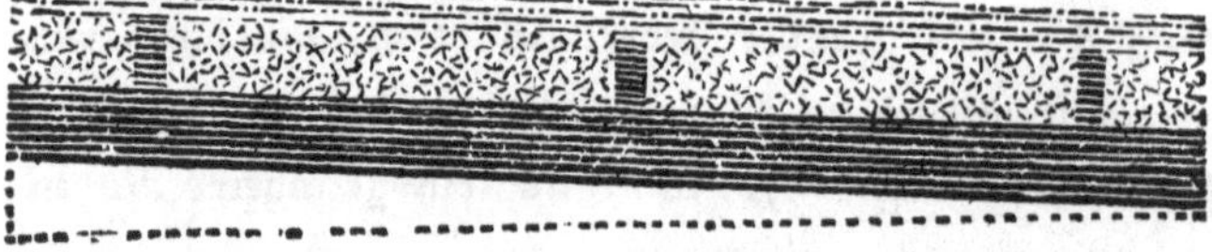

Wenn der Boden dünn, oder von einer losen Verbindungsart und der Unterboden offener Kies ist, der indeß auf einer festen Basis ruht [37], so kann das zu schnelle Verlaufen des Regenwassers von dem Oberboden dadurch verhindert werden, daß man Graben queer gegen den natürlichen Abhang des Landes zieht, (in Entfernungen die im Verhältniß stehn gegen die Böschung) und sie mit Materialien (z. B. mit lehmiger Erde) von solcher Mischung anfüllt, welche das Entweichen des

37) Dies wäre die Bodengattung *l* mit einem Unterboden *n* auf einer Grundlage von *h*, wodurch der Werth des Bodens erhöht wird; so, daß er den Umständen nach *i* (S. Anmerk. 9) gleich kommen kann.

Wassers hemmen, ohne eine Überladung damit im Boden zu veranlassen.

Gegen das Ausdorren von kiesartigen Ländereien, welche beinahe eben, oder mit einem allmäligen Abhange gelegen sind, ist von dieser leichten Vorkehrung viel zu erwarten. Siehe die obige Figur.

6ter Fall. Der Boden ist einsaugend, der Unterboden und die Basis aufhaltend [38]).

Die mächtigen Wirkungen des Unterbodens auf die Eigenschaften und den Werth vom Lande sind einleuchtend, wenn man diese Gattung mit den zwei vorher erwähnten vergleicht; welche, wenn der Oberboden von guter Qualität ist, und die Unterschichten nicht zu offen sind, zu den Ländereien von hohem Werth gehören. Jene Ländereien sind gleich ergiebig in Getreide und Gras, und können in jeder Jahreszeit mit wenigen Unkosten bearbeitet werden; sie ertragen selbst im Winter das Zertreten des Viehes ohne Nachtheil; sie sind zugleich angenehm und einträglich für den Besitzer: indeß bei dieser Gattung das gerade Gegentheil statt findet; ungeachtet dort der Boden (die cultivirte Schichte) ganz genau der nämliche seyn kann.

38) Von dieser Zusammensetzung ist die in der Anmerk. 26a) bemerkte Abart der Gattung *p*. (Vergl. Anmerk. 41 wegen der andern Abart.) Ihr Werth kann bei einer statt findenden abträgigen Lage dergestalt durch Entwässerung erhöht werden, daß sie der (gehörig trocken gelegten) Gattung *h* im Ertrage wenig nachgiebt, und der Gattung *i* gleich kommt; welche indeß solcher Meliorationskosten nicht bedarf, und daher einen so sehr viel höheren natürlichen Werth hat.

Sie läßt sich, wenn sie unter dem Pfluge ist, nur mit Ungewißheit bearbeiten, und sollte sie auch zufällig in einer angemessenen Witterung eingesäet seyn, so läuft doch die Frucht Gefahr, durch fortgesetzten Regen, dessen Wasser unter den nährenden Fasern der Pflanzen seinen Sitz einnimmt, so lange erkältet zu werden, bis das Wasser durch Ausdünstung sich verzogen hat: besonders, wenn man den Boden (so wie es gewöhnlich der Fall ist), in seinem natürlichen flachen Zustande liegen läßt. Eine andere nachtheilige Folge dieser Zusammensetzung des Landes besteht darin, daß es nicht zur Turnipscultur angewandt werden kann [39]), ungeachtet sich der Boden wohl zu diesem nützlichen Zwecke eignen mag.

Im Stande des Graswuchses ist solches Land eben so uneinträglich. — Ein feuchtes Frühjahr schadet den nahrhaften Grasarten, und besonders den jungen Pflanzen von gesäeten Futterkräutern, indem es an deren Stelle obern Wasserpflanzen, die weder für Heu noch als Weide tauglich sind, Gedeihen giebt; selbst ein feuchter Sommer macht, wenn auch das Frühjahr günstig gewesen wäre, den Ertrag schwach und unnahrhaft.

39) Nämlich wegen der Gefahr, daß das Vieh (Rindvieh und Schaafe), welches auf der Stelle die Turnips verzehren soll (im Spätherbst, besonders aber im Winter, und im Anfang des Frühjahrs) einsinken, und alles durchtreten würde. Dies ist auf sonst ähnlichen Ländereien mit einsaugender Unterlage nicht zu besorgen; für dergleichen, und besonders für leichte Äcker wird aber das Abfressen der Turnips durch Schaafe auf der Stelle, in England ungemein wohlthätig befunden.

Wenn Grasland von dieser Beschaffenheit durch schweres Vieh im Winter, oder überhaupt in einer feuchten Jahreszeit, zertreten werden sollte, so kann der Schaden unersetzlich werden, und wenn man es in solcher Jahreszeit durch Schaafe sollte behüten lassen, so möchten die Folgen noch empfindlicher ausfallen.

Man hat zwei Methoden, Ländereien dieser Gattung zu verbessern. Die eine besteht darin, daß man den Boden in schmale Beete oder Rücken legt, welche eine sanfte Wölbung erhalten, und queer gegen den Abhang, oder die allgemeine Neigung des zu verbessernden Stückes Land gehen, mit tiefen Zwischenfurchen, um das überflüssige Wasser von der Oberfläche aufzufangen, und wegzuführen: ein wohlfeiles, doch nicht oft genug angewandtes Mittel.

N°6

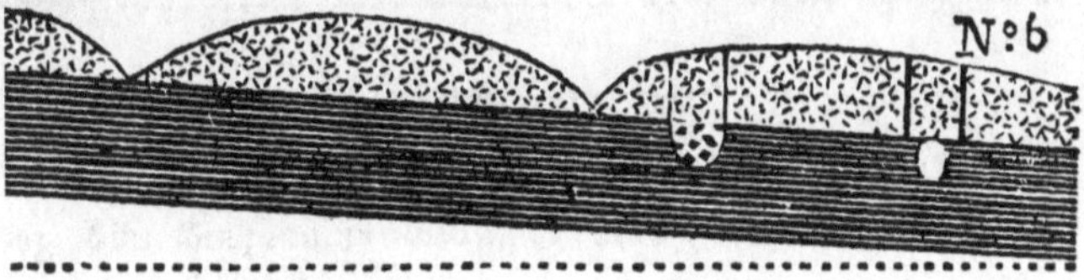

Die andere besteht in der Anlage von Unterbodenabzügen, welche parallel mit kurzen Zwischenräumen neben einander, in ähnlicher Richtung wie vorbemerkt, laufen. Dieses Mittel ist kostbarer, aber wirksamer. Es ist zu bemerken; daß in diesem Falle, weil der Untreboden fest ist, irdene Röhrenabzüge (welche weiter unten beschrieben werden sollen, die wohlfeilsten unter den verdeckten Abzügen) angewandt werden können. Bei schwierigen Umständen wird man eine Vereinigung beider Methoden besonders zweckmäßig finden. Denn wenn Land, welches einen ziemlich guten Oberboden hat, indeß durch Überladung mit Wasser unfruchtbar gemacht wird, durch die angeführten, oder durch irgend sonstige Mittel sich dergestalt trocken legen laßt, daß es zur Turnips und Schaafwirthschaft sicher gebraucht werden kann, so darf man in der Regel darauf rechnen, daß die auf die Verbesserung angewandten Kosten sich reichlich wieder bezahlt machen werden. Siehe Figur 6.

B. Tagewasser, welches in den Unterschichten sich sammelt.

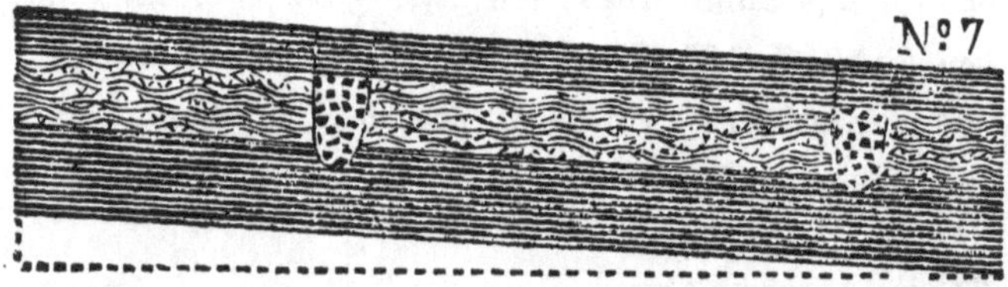

7ter Fall. Der Boden wird aufhaltend angenommen, der Unterboden einsaugend und geschlossen; die Basis aufhaltend, oder ebenfalls einsaugend und geschlossen. Siehe Figur 7.

Hier sind gleichfalls die Wirkungen der Unterschichten auf die Fruchtbarkeit des Bodens augenscheinlich. Die Anordnung der Bestandtheile ist in diesem Fall die nämliche, wie in dem 2ten und 3ten Fall, welche Gattungen, wenn sie in dem gehörigen Verhältniß gemischt sind, unter die erste Klasse von Ländereien in England gehören 40); dagegen die hier in Rede stehende Gat-

40) Diese Äusserung des Verfassers bestätiget die Richtigkeit der vorstehenden Bemerkungen 32 und 33. Die Bodenart

tung in ihrem natürlichen Zustande jener in Fruchtbarkeit nachsteht. Ihre Graspflanzen treiben spät, sind schwach, und der Überziehung mit Binsen, Riedgras, und andern Unkräutern feuchter Ländereien ausgesetzt. Im Zustande der Bestellung ist sie mißlich und schwierig zu bearbeiten; besonders wenn der Boden dünn, und die Jahrszeit feucht ist, indem das Pfluggespann oft bis über die Köthung (Fessel) auf den Beeten, und bis an die Knie in den Zwischenfurchen einsinkt. Das Geschäft des Eggens ist in diesem Zustande noch schwieriger als das des Pflügens. Man läuft Gefahr, die passende Saatzeit gar nicht nutzen zu können, und die Saat, wenn sie eingestreut worden, durch aufstauendes Wasser, welches an den Wurzeln seinen Sitz nimmt verderben zu sehen.

Doch, das Mittel in diesem Fall ist leicht und gewiß. Man öffne den Unterboden durch dergleichen vorlängst der (sich neigenden) Seite gezogene Abzüge wie im zweiten Fall, in Entfernungen, welche den vorhandenen Umständen angemessen sind.

Es ist anzumerken, daß die Anzahl der erforderlichen Abzüge, in diesem Falle gewöhnlich weit unbedeutender ausfällt, als in jenem. Wenige, die wohl gerichtet sind, können ein weitläuftiges Feld von kaltem feuchten Lande in ein trocknes, für jede Art des Anbaues taugliches verwandeln. Es giebt in der Wirk-

welche der siebente Fall schildert, ist der Gattung *h.* sehr ähnlich, deren Ertrag sie jedoch nach sorgfältiger Entwässerung gewöhnlich übersteigt, so daß sie in dieser Hinsicht der Gattung *f.* am nächsten kommt.

lichkeit Fälle, in welchen eine zweckmäßig eingeleitete Verbesserung dieser Art die dabei ausgelegten Kosten zehnfach wiedergeben würde.

8ter Fall. Der Boden und der Unterboden wird einsaugend und geschlossen angenommen; die Basis aufhaltend, oder auch einsaugend und geschlossen.

Der natürliche Bau ist in diesem Fall der nämliche, wie in dem 4ten und 5ten Fall; die wesentliche Verschiedenheit mit jener wird durch den Unterboden hervorgebracht, welcher dort offen, hier geschlossen angenommen wird, wodurch er in Ansehung des Wassers welches er einsaugt, auf so lange undurchlassend wird, bis es wieder durch die Ausdünstung in die Höhe steigt, durch Pflanzen heraufgezogen wird, oder bei etwa statt findender Unvollkommenheit der Hemmung, mit langsamen Schritten nach den niedern Schichten herabsinkert [41]). Land, welches unglücklicher Weise von dieser Beschaffenheit ist, kann man als ein Spiel der Elemente ansehn; an dem einen Tage wird es von der Sonne versengt, und am folgenden schon mit Wasser überschwemmt. In trockener Witterung werden die Saathalme bis an die Wurzel versengt, und in feuchter werden die bessern Gewächse zurückgehalten, die Unkräuter aber aufgemuntert. Der Boden, welchem die Festigkeit der zuletzt erwähnten Gattung mangelt, ist

41) Dies ist die schwächste und schlechteste Abart der in der Anmerk. 9 genannten Gattung *p.*; die, falls sie nicht eine für Trockenlegung besonders günstige Lage haben, oder etwa mit bedeutenden Kosten entwässert werden sollte, im Ertrage kaum mit *m.* gleich gestellt werden kann.

unfähig, weder der Hitze noch einem Überfluß von Nässe zu widerstehen. Wenn er gesättigt ist, so zeigt er Eigenschaften wie der Morast.

N°8

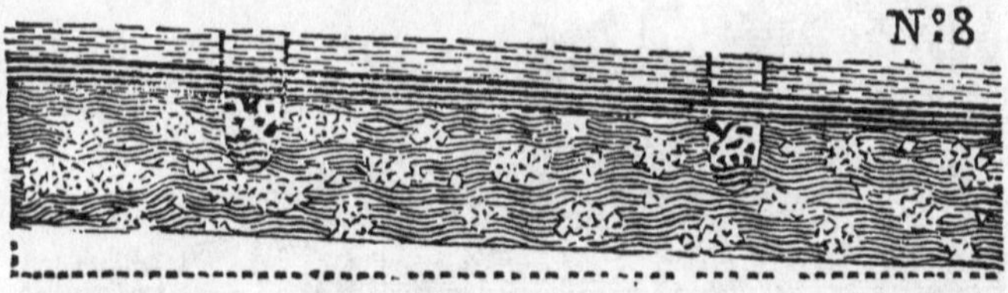

Die Mittel zur Verbesserung ergeben sich ziemlich einleuchtend. Man öffne die Unterschichten, indem man sie mit solchen Abzügen versieht, wie bei dem letzten Fall erwähnt worden; wobei man, wenn etwa keine feste Basis für den Boden der Abzüge vorhanden seyn sollte, worauf sie ruhen können, dafür zu sorgen hat, eine dergleichen künstliche aus verfilztem Rasen, Heide, Reisig u. s. w. zu bilden; und eine trockene Jahreszeit für die Unternehmung zu benutzen.

Ferner, um sowohl gegen Dürre, als gegen eine Verschwendung des Düngers bewahrt zu seyn, versuche man, ein Filtrum unterhalb des Bodens zu bilden, wie im 4ten Fall. S. Figur 8.

9ter Fall. Der Boden sey einsaugend, oder auch aufhaltend; die Unterschichten nehmen wir an zusammengesetzt aus einsaugenden und aufhaltenden Massen, untermischt; oder, nicht in regelmäßigen, mit der Oberfläche des Bodens korrespodirenden Schichten gebildet, und die einsaugenden Theile entweder ganz, oder theilweise geschlossen.

N°9

Die Anordnung der Massen, welche der untere Theil der obigen Figur darstellen soll, ist besonders der Basis von Hügeln eigenthümlich; sie wird zuweilen dem Blick entfaltet, wenn hohe Ufer von breiten Strömen durchbrochen werden. Die Lage der Erdschichten, welche im obern Theile darzustellen versucht worden, ist nicht ungewöhnlich an Abhängen, imgleichen am Fuß von kleinen Anhöhen und Ufern von Thälern, welche aus Erde von verschiedener Mischung, aus offenem Fels, oder aus Kies, gemischt mit Massen von Klay oder aufhaltendem Lehm bestehen.

Die Wirkung dieser unregelmäßigen Bauart ist augenscheinlich. Die niederfallenden Wasser, welche durch die einsaugenden Bestandtheile aufgenommen worden sind, werden, von den undurchdringlichen Massen gehemmt, gegen die Oberfläche gedrängt, und bilden da nasses Land, von einer Beschaffenheit, die sich nach den eigenthümlichen Eigenschaften des Oberbodens richtet. Wenn dieser tief und aufhaltend ist, so greifen Binsen,

Riedgras, und andere, kaltem Boden eigene Pflanzen Platz [42]); ist er einsaugend, so haben die geilern obern Wasserpflanzen das Übergewicht, und bilden, wenn der Zufluß ununterbrochen ist, nach und nach Decken von mooriger Erde, durch welche die eingesperrten Wasser in feuchten Jahrszeiten durchsintern. Wenn die sammelnde Oberflache und die aufnehmende Schichte enge sind, so werden Sprinde (Quebben), oder kleine Striche Triebsand hervorgebracht. Wenn der Zufluß des Wassers stark ist, und eine offene Ader von Sand oder Kies, oder eine Felsenspalte, eine Leitung von dem innern Behälter nach der Oberfläche bildet, so tritt entweder eine gefährlichere Kothlache, oder eine lebendige Quelle ein, die nach Maaßgabe des Zuflusses, und der leitenden Schichten, beständig oder zeitweise fließt.

Die Befreiungsmittel für nasse Ländereien obgedachter Art sind selten schwierig. Abzüge welche mit Überlegung so gerichtet sind, daß sie die Wasser da auffangen, wo sie auf undurchlassenden Massen ruhen, fünf und zwanzig bis dreißig Zoll unter der Oberfläche (s. die Figur) werden allemal wirksam, und, wenn sie ordentlich gemacht sind, dauerhaft seyn; besonders wenn die Rinnen oder Läufe der Abzüge einige Zoll tief in die feste Schichte greifen, und ihre höheren Seiten der

42) In diesem (ersten) Fall würde der Boden zu der vorhin mit *h.* bezeichneten Gattung gehören; im andern würde er der Gattung *p.*, und was die obere Decke betrifft, der Gattung *o.* gleichkommen, in Hinsicht der Striche Triebsand aber zur Gattung *m.* zu zählen seyn.

vollen Wirkung der Behälter ausgesetzt sind, worin das Wasser steht.

So viel über die Krankheiten von Ländereien, die durch Regenwasser, welches auf ihre Oberfläche fällt, oder nahe daran sich befindet, entstehen.

C. Herabziehendes inneres Wasser.

10ter Fall. Der Boden sey aufhaltend oder auch einsaugend; der Unterboden welcher einsaugend und geschlossen angenommen wird, sey mit herabziehendem (von einer innern Quelle herrührendem) Wasser, vermöge einer Unterlage bestehend aus Kies, oder aus einem andern freien Leiter, gleichförmig geladen; die Basis sey aufhaltend.

Man kann diese Gattung als die einfachste Zusammensetzung solcher Ländereien ansehen, welche durch die Wirkung von innerm Wasser in Nachtheil gesetzt werden. Sie gleicht in Hinsicht der Natur der Schichten dem 2ten und 7ten Fall [43a]). Wenn der Unterboden hinlänglich frei ist, so kann ein einfacher Graben queer gegen den niedrigern Rand gezogen (in a.), eine Überladung, selbst für die flacher gelegenen Ländereien, abwehren. (S. die folgende Figur.)

Doch

43a) Vergl. die Anmerkungen 32 und 40, bei Voraussetzung eines aufhaltenden Oberbodens.

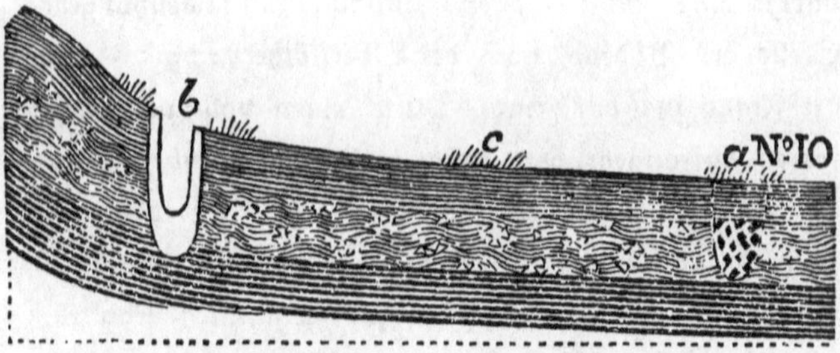

Doch, indem man das angeführte als wahr annehmen kann, bleibt es noch durch fleißige Prüfungen auszumitteln, ob für den gegebenen Fall diese leichte Heilmethode auch die zweckmäßigste sey. In Fällen solcher Art nämlich, wo man nutzbare Wasser erhalten kann, wird der Vortheil welchen sie gewähren, um so größer, je höher man sie ableitet; und wenn überdies die einsaugende Schichte der niedrigen Ländereien nicht hinlänglich offen ist, um den Wassern, die sich in feuchter Jahreszeit vorfinden, einen dergestalt freien Durchgang zu gestatten, daß auch keine vorübergehende Überladung besorgt werden darf, so wird vermuthlich ein dreifach großer Vortheil entstehen, wenn man die herunterkommenden Wasser gleich am Fuß des Abhanges auffängt. Denn, neben den bereits angeführten zwei Vortheilen wird alsdann noch eine andere gute Würkung hervorgebracht, nämlich die, das Gewicht der Wasser, welche in den höheren Gründen angespannt sind, von dem niedriger liegenden Lande abzunehmen. Man befreiet dieses dadurch von einer gewöhnlichen Krankheit so gelegener Ländereien, die durch das Wasser verursacht wird, welches dergestalt zusammengepreßt, durch eine Ritze, oder schwach zusammenhängende Stelle des Bodens, nach der Oberfläche dringt; — wie die Figur in (c.) zeigt. Durch einen vollständig wirksamen Auffangegraben, queer verlängst dem obern Rande des flachen Theils der Ländereien (in b.) werden sie gänzlich von innern Wassern befreit, und genau die Eigenschaften von den im 7ten Fall genannten erhalten.

Es ist inzwischen ferner zu bemerken, daß ein Abzug in (b.) der Regel nach weit schwieriger und kostbarer seyn wird, als in (a.). Denn der Boden pflegt am Fuß eines Abhanges gewöhnlich tiefer zu seyn, als er nicht nur ober- sondern auch unterhalb dieser Gegend ist. Dazu tritt die größere Beschwerlichkeit, an einer solchen Stelle einen Graben auszustechen, welcher verdeckt werden soll, — und die noch bedeutendere, da einen offenen Graben geräumt zu erhalten: wegen des daselbst statt findenden Wasserdruckes. Die obere Seite des Einschnittes ist (weil da das Wasser die meiste Gewalt äussert), besonders wenn die Arbeit in einer feuchten Jahrszeit gemacht worden, dem Einsturz ausgesetzt. Überdies ist der Einschnitt, wenn er nicht bis zur festen Basis gesenkt wird, wirkungslos, so wie solches der in b. gezeichnete flachere Einschnitt zeigt. Die unterhalb liegenden Ländereien würden nämlich alsdann immer noch, wenigstens einem Theil der herunterkommenden Wasser ausgesetzt seyn, diejenigen ungerechnet, welche auf ihre eigene Oberfläche niederfallen. Natürlicher Weise würden sie also die nämliche Arbeit zur Trockenlegung erfordern, welche ohne das Vorhandenseyn eines unwirksamen Grabens vorlängst ihres obern Randes nöthig wäre.

In vielen Fällen wird demungeachtet Wasser, welches im Innern von einer hohen Quelle herunterkommt, und sich unterhalb des Bodens von niedriger gelegenen Ländereien zum Nachtheil ihrer Fruchtbarkeit äußert, durch einen Abzug welcher am Fuß des Hügels läuft, abgefangen werden können, so wie der in b. gezeichnete tiefere Graben zeigt; wodurch man vielleicht die tiefern Ländereien hinlänglich vom Wasser befreien, und zu gleicher Zeit einen schätzbaren Vorrath von Wasser zu öconomischen Zwecken erlangen wird.

Meine Absicht bei dieser verlängerten Bemerkung ist, den angehenden Verbesserer vor generellen Ideen zu warnen, — die so oft bei der Anwendung im Felde täuschen. Bei der Ausübung einer so verwickelten und mannigfaltigen Kunst, als die hier in Rede stehende ist, erfordern viele Gegenstände genau erwogen zu werden; — gründliche Prüfung und Fleiß sind nothwendig, bevor man zu einer angemessenen Entscheidung gelangt, oder Schritte zur Ausführung unternommen werden können.

11ter Fall. Der Boden sey aufhaltend oder einsaugend; der Unterboden einsaugend oder abwechselnd, und theilweise mit herabziehendem Wasser, — durch Sand oder Kiesadern, oder durch Felsenspalten, — geladen.

Dieser Fall ist häufiger als der letzte, von welchem er hauptsächlich in der Manier, worin die inneren Wasser auf die tieferen Ländereien wirken, sich unterscheidet. Anstatt gleichförmig unterhalb des Bodens verbreitet zu seyn, dringen sie vermöge gesammelter Ströme in die Unterschichten, und wenn nicht etwa der Unterboden ganz besonders offen und eben ausgebreitet ist, so wirken sie unregelmäßig auf das Land. Sonach werden, wenn der Boden tief, und aufhaltend ist, Flecke von feuchtem kaltem Boden erzeugt; wenn er dünn und frei einsaugend (durchlassend) ist, so werden moorartige Erhöhungen in der Oberfläche aufgetrieben 43 b); oder, wenn der Strom mächtig, und eng eingeschränkt ist, so entsteht ein laufender Brunnquell.

Die Hülfsmittel für diesen Fall sind verwickelter und schwieriger als die für die letzten. Das flache Terrain muß (in den Fällen, wenn man den Zufluß nicht abfangen kann) durch die verdeckten Abzüge (in a., a. anzubringen) unterstützt werden, welche allmählig von den verdorbenen Stellen zu einem gemeinschaftlichen Graben und Ableiter sich neigen.

In dem angezogenen Fall läßt sich der Zufluß nicht mit eben der Sicherheit abschneiden, als wenn er durch eine ebenmäßig geladene Schichte, die auf einer

43 b) Vergl. die Anmerkung 43 a); welche hier ebenfalls Anwendung findet.

undurchlassenden Basis liegt, geleitet wird. Dieser Zufluß kann durch einen oder durch mehrere unterirdische Kanäle, welche in verschiedenen Tiefen befindlich seyn können, mitgetheilt werden, wie solches die Figur zeigt.

Allein auch dieser Fall ist von der Art, daß man eine Versorgung mit Wasser, bei einem hinreichenden Falle, erwarten darf; unter solchen Umständen nun, die eine dergleichen Versorgung ganz vorzüglich wünschenswerth machen, wird man jedes Mittel anzuwenden haben, um die herunterkommenden Wasser (in b.) an der höhern Seite der zu verbessernden Ländereien abzufangen.

12ter Fall. Der Boden sey aufhaltend 44) oder auch einsaugend, der Unterboden einsaugend und geschlossen, und mit herunterziehenden Wassern geladen; die Basis aufhaltend, mit einer frei einsaugenden und offenen (durchlassenden) Unterbasis.

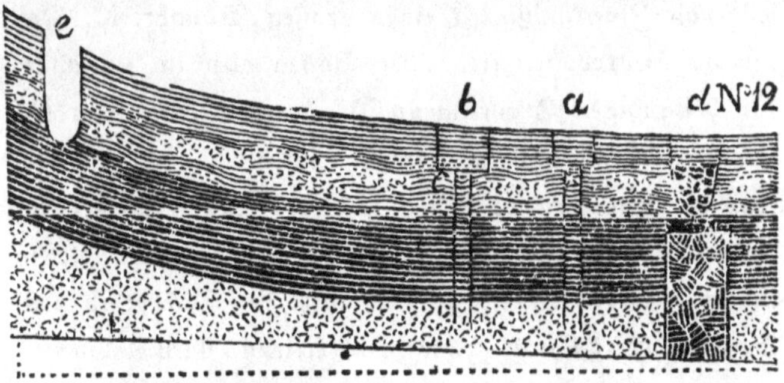

44) Bei dieser, auch in der Figur obwaltenden Voraussetzung tritt dasjenige ein, was in der Anmerk. 40 gesagt worden. Der Boden gleicht dann der Gattung *h.*, kann aber, je nachdem der Unterboden mehr oder weniger die Entwässerung erleichtert, dadurch im Werth verschieden gesteigert werden.

Dieser Fall wird zwar nur selten genau so vorkommen, wie es die obige Figur darstellt, gemäß welcher die Basis, worauf das Wasser ruhet, nur zwei bis drei Fuß Tiefe oder Dicke hat. Demungeachtet ist es wahrscheinlich, daß man oft eine offene Schichte finden wird, wenn man fleißig in einer größern Tiefe darnach forscht: besonders unter Anhöhen, an deren Basis eine natürliche Quelle solch eine Schichte andeutet.

Das Mittel besteht in diesem Fall offenbar darin, eine Verbindung zwischen den geschlossenen und den offenen Schichten zu eröffnen, in der Absicht um den schädlichen Wassern, welche in den erstern aufgehalten werden, den Übergang in die letztern zu gestatten. So werden in Norfolk Mergelgruben abgegraben, indem man durch die (Wasser sperrenden) Mergellager bis in den Abgrund von Sand hineinsticht, worauf sie ruhen.

Um dies zu bewerkstelligen, dazu ergiebt sich von selbst die Zweckmäßigkeit eines großen Erdbohrers. Da wo der Unterboden frei, der Boden aber im Zustande des beständigen Grastragens ist, werden seine Vorkehrungen, wenn man sie gehörig einleitet, und in einer trocknen Jahrszeit ausführt, wirksam, wenn auch nicht dauerhaft gefunden werden. Man hebe einen dicken Rasen von der Oberfläche ab, lasse den Bohrer in den Boden der dadurch gemachten kleinen Grube hinein, und wenn die Arbeit damit vollendet ist, so lege man den Rasen wieder auf seine Stelle (wie in a) zurück, wodurch man verhütet daß keine fremdartigen Stoffe dem Bohrloch schaden können.

Unter beackertem Lande, möchte die Arbeit weniger

wirksam seyn. Wenn man indeß Gruben bis unter den (Ober-) Boden senkt, um so den Obertheil der Bohrlöcher vor den Störungen durch das Pflügen zu sichern: z. B. 12 oder 14 Zoll unter der Oberfläche, ein Stück Rasen über das obere Ende des Bohrloches legte, und den ausgehölten Boden wieder wie vorhin verfüllte (wie in b), so möchten Abzüge von dieser Art wohl für eine kurze Zeitdauer wirksam bleiben.

Aber, wo der Unterboden so hartnäckig ist, um eine Menge von Abzügen zu erfordern, damit das Wasser wirksam daraus entfernt werde, da scheint die Anwendung des Bohrers weniger zweckmäßig. Am Boden eines Abzuges, er sey offen, oder verdeckt, findet mehr oder weniger Zug des Wassers statt, wodurch erdige Bestandtheile leicht in die Bohrlöcher hineingespült, folglich diese vollgeschlemmt werden können. Die Wirkungen des Wassers welches in einer Röhre hinunterfällt, und desjenigen welches in einer Röhre hinaufsteigt, sind vollkommen von einander verschieden. Steigendes Wasser löset die Hindernisse die es unterwegs findet auf, und treibt sie in die Höhe: indeß fallendes Wasser im Gegentheil, den Druck seines eigenen Gewichts zu dem der Stopfungen hinzufügt, zugleich aber durch Auflösung der erdigen Stoffe, und die daraus folgende Anfüllung jeder Ritze und Spalte, dahin strebt, den Durchgang auf die wirksamste Weise zu verschließen. Ferner: Steigende Wasser kommen in einem reinen Zustande in die Röhre, und lassen ihre Unreinigkeiten unten, dagegen fallendes Wasser mit sich allen Schmutz niederzieht, welchen dessen Lauf nur irgend zur Mündung treiben kann.

Aus diesen Gründen ist es selbst unter den zuerst angeführten Umständen wahrscheinlich, daß die heilsamen Folgen des Bohrens nur vorübergehend seyn würden.

Außerdem aber, warum wollte man nicht da, wo Abzüge nothwendig sind, um das Wasser aus dem Unterboden zu ziehen, es in eine Masse sammeln, und es auf der Oberfläche so weit fortführen, bis es zu irgend einem nützlichen Zwecke angewandt werden kann?

Wenn man indeß auf der Oberfläche für das so gesammelte Wasser keinen Fall erlangen kann, und unter dem Unterboden eine offene Schichte liegt, die fähig ist es aufzunehmen, so wird eine Verbindung zwischen beiden ein wesentlicher Vortheil; indem die Unkosten, und die Sorge, um das Wasser mittelst einer Maschinerie steigen zu machen, dadurch vermieden werden können.

Unter diesen Umständen nun mittle man den niedrigsten Punkt des zu verbessernden Fleckes aus. Da senke man einen Schacht nach der und in die aufnehmende Schichte (wie in c); dann fülle man sie, bis auf einige Fuß von der Oberfläche her, mit rauhen Steinen, Baumwurzeln, oder andern offenen Materialien. Auf dem obern Ende bilde man ein Filtrum aus Heide und Kies, oder andern Substanzen, welche erdigen Stoffen, oder in Fäulniß übergegangenem Wasser den Eingang in den Schacht versagen, und zu diesem Filtro hin leite man die gesammelten Wasser.

Wenn das Wasser vermittelst verdeckter Abzüge gesammelt wird (wie in d) und wenn das Filtrum auch eine Decke über sich hat, so wird die ganze Anlage vor äußerer Beschädigung sicher seyn, und ein solches Werk kann unverletzt Jahrhunderte dauern.

Selbst wenn das Wasser in offenen Graben gesammelt würde, und man das Filtrum in einen Zustand der Vernachlässigung gerathen ließe, würde, — so lange bis nach und nach der Schacht in Verfall kommen sollte, — das Hülfsmittel leicht seyn. Man benutze eine trockene Jahreszeit, um den Schacht wieder zu öffnen, und zu reinigen, so wie auch die Materialien womit er gefüllt, von Unreinigkeiten zu säubern und man wird ihn so, mit wenigen Unkosten in seinen ursprünglichen Zustand wieder herstellen.

Ferner ist hier noch anzuführen, daß wenn der zu verbessernde Fleck irgend einem anderweitigem Stauwasser, außer demjenigen welches von oben auf dessen Fläche fällt, unterworfen ist, man dergleichen Wasser oberflächlich ableiten muß, indem man es in einer solchen Höhe abfängt, daß dadurch ein hinlänglicher Fall für selbiges gewonnen wird.

Wenn man die Quantität Wassers welche unterirdisch versenkt wird (oder heruntersinken würde, falls ein freier Durchgang eröffnet wäre) größer finden sollte, als daß sie durch einen Schachtabzug in der vorhin beschriebenen Art rasch abgeführt werden könnte, so muß man alsdann sich bemühen, den Zufluß, oder so viel davon als man kann, auch durch einen offenen Graben, oder auf anderweitige Weise, in einer hinreichenden Höhe (wie in e) dergestalt abzufangen, um es oberflächlich ableiten zu können, und zwar mit einem zureichenden Fall, um das Eindringen in die zu verbessernde Fläche zu verhüten, welche sich solchergestalt blos ihrer eigenen überflüssigen Wasser durch den Schacht zu entladen haben wird.

Es ist mein Wunsch die Bahn zu dieser nützlichen Verbesserung zu eröffnen, da ich überzeugt bin, daß es viele Fälle giebt, in welchen man sie mit großem Vortheil anwenden könnte. Viele von den niedrigen, flachliegenden Moorthälern, in Norfolk, von deren Basis herauf man in der Oberfläche nur mit großer Schwierigkeit Abzüge anbringen könnte, haben aller Wahrscheinlichkeit gemäß zu ihrem Unterbau unersättliche Tiefen von Sand; und in jedem andern Bezirk des Königreichs wird man ohne Zweifel passende Gelegenheiten der Anwendung finden *).

D. Steigendes inneres Wasser.

13ter Fall. Der Boden sey aufhaltend oder einsaugend, die Unterlagen gleichförmig einsaugend und geschlossen, und mit steigenden Wassern geladen.

Die Theorie der steigenden Wasser bedarf einer nähern Auseinandersetzung.

*) Diese Bemerkungen sind nicht bloße theoretische Angaben, indem sie zum Theil auf meine Beobachtungen in Norfolk (Siehe S. 118) sich gründen; doch muß ich anführen, daß es mir erst nachdem ich angefangen hatte sie nieder zu schreiben, bekannt wurde, daß sie eine in Deutschland übliche Methode erläuterten 45).

45) Wahrscheinlich schöpfte der Verfasser dies aus der Stelle der Reisen des Thomas Nugent, welche in den Philosophical Transactions so wie auch in Johnstone's Werk »On draining land« (London 1801) aufgenommen ist, ohne die Gegend Deutschlands näher zu bezeichnen.

Als von den Kreidehügeln gehandelt wurde, (S. 76) ward bemerkt, daß das Herunterziehen der Regenwasser so lange fortgesetzt erfolge, bis sie durch einen unterirdischen Weg das Seewasser erreicht hätten; ohne übrigens einigen Vortheil oder Nachtheil für die Oberfläche der Erde zu äußern.

Die nämliche Wirkung wird durch jedes andre leitende Mittel hervorgebracht, es sey offener Fels, Kies oder Sand, oder eine Verbindung von diesen, wenn sie eine fortgesetzte und freie unterirdische Communikation zwischen der See und der Oberfläche von einsaugendem Lande bilden.

Allein der nämliche Unterbau, wenn er in einiger Entfernung von der Küste belegen und von aller unterirdischen Communikation mit der See, durch Dazwischenkunft undurchlassender Stoffe, getrennt ist, bringt sehr verschiedene Wirkungen zu Wege, und ist fähig, sowohl den niedriger gelegenen Ländereien welche unmittelbarer darauf ruhen, als auch denen in der Nachbarschaft, großen Schaden zuzufügen.

In dieser Lage nämlich füllen die untern Wasser, unfähig einen Ausweg in die Tiefe zu finden, jede Ritze, Spalte und Öffnung aus, und fahren so lange fort sich zu sammeln, bis die Oberfläche der angehäuften Wasser eine nachgiebige Schichte erreicht, vermöge welcher der Überfluß in horizontaler Richtung nach irgend einem offenen Auslauf geführt wird, — oder bis die Ansammlung hinlängliche Macht und Übergewicht erlangt hat, um ihre Bande zu sprengen, und sich einen Weg nach der Oberfläche durchzubrechen, — oder endlich bis sie sich mit den Wassern der Oberfläche vermischen.

Der Grund eines Sees, oder das Bette eines tiefen Flusses, bieten zuerst abhelfliche Maaßregeln dar, und es ist nicht ungewöhnlich, Quellwasser auf der Oberfläche eines tiefen mit einem Fluß in Verbindung stehenden Pfuhls sich kräuseln zu sehen. Es ist zu vermuthen, daß in vielen Gegenden die Flüsse aus ihrem eignen Bett größere Zuflüsse erhalten, als das Auge des gewöhnlichen Beobachters entdeckt.

Wenn ihnen das Flußbett verschlossen ist, so fahren natürlicher Weise die eingesperrten Wasser fort, zu steigen, so lange bis sie eine offene Schichte in den Uferländereien, und darin ihren Ausweg finden.

Wenn sich keine solche leitende Schichte darbietet, so kann man tiefe Thalklüfte und enge Schluchten welche sich aus dem Flußthale oder Gebiet wie Zweige ausbreiten, als die nächsten Gelegenheiten betrachten, welche darauf berechnet sind, steigenden Wassern Luft zu schaffen: und hier findet man sie nicht selten durch Lager von Sand oder Kies, oder durch zerstreute Bruchstücke von Felsen heraussprudelnd; da sie denn bei ihrer natürlichen Verbreitung über die Basis der Schlucht die Entstehung der moorigen Gründe veranlassen *), — oder aus ihren Ufern brechend, einen Strom erzeugen.

Wo nun weder eine solche tiefe Schlucht noch eine

*) Viele Moore in Norfolk sind so entstanden; das an der Quelle des Flusses Costa bei Pickering gewährt ein merkwürdiges Beispiel von der Wirkungsweise und den Hervorbringungen steigender Wasser.

einsaugende Schichte der Thalländereien statt findet, um die innern Wasser aufzunehmen: oder wenn die Schichte solche eingenommen hat, sie doch unfähig ist, ihnen Freiheit zu verschaffen, indem sie an ihrem untern Rande geschlossen ist, (wie im gegenwärtigen Fall vorausgesetzt wird), so fährt die Oberfläche des gesammelten Wassers nothwendiger Weise fort, über die Basis des Hügels zu steigen, bis bei Erreichung eines angemessenen Leiters eine Quelle gebildet wird, — oder sie stößt auf eine sich senkende Schichte von einsaugenden Massen, dringt in solche mit der Wirkung von herunterziehendem Wasser, und giebt einem der zwei oben geschilderten Fälle, dem 10ten oder 11ten die Entstehung.

Auf dem festen Lande, und selbst im Innern dieser Insel müssen Beispiele welche dem ähnlich sind, welches ich hier darzustellen bemüht war, nothwendiger Weise oft vorkommen *).

Auf ähnliche Weise muß es sich oft zutragen, daß Wasser, welche durch hoch gelegene Ländereien eingesogen sind, in ihrem Herunterziehen gehemmt werden, bevor sie die Basis des Berges oder Hügels erreichen, welcher sie verschluckt hat: in dessen Innern höchstwahrscheinlich kleinere Behälter durch steigende Wasser entstehen, und da in einer ähnlichen Art als diejenigen wir-

*) In Surry zu Wimbledon Park (dem Grafen Spencer gehörig) fand man vor einigen Jahren, bei Grabung eines Brunnens tiefer als die Standhöhe der Meeresfläche, Wasser welches sofort in die Höhe stieg; daraus läßt sich die Existenz großer unterirdischer Wasserbehälter folgern, die wahrscheinlich von den benachbarten Kreidehügeln Zufluß erhalten.

ken, welche in einer größern Tiefe gebildet sind. Die immerwährenden Quellen, welche wie man behaupten kann, allenthalben an den Seiten von Hügeln entspringen, sind strenge Beweise für jenen Satz. Denn, was anders als eine ausgebreitete Fläche von in Mass vereinigten Wassern könnte diese beständigen, und in gewissen Fällen fast immer gleichförmigen Ströme aussenden? Ein See regulirt, solchergestalt wie es wohl bekannt ist, den Strom, welcher von ihm ausfließt.

Doch, um diese Wirkung hervorzubringen, ist es nicht erforderlich, daß ein See im Innern des Berges gebildet seyn müßte. Es thut nichts zur Sache was es für ein Behälter ist, vorausgesetzt daß er nur hinreichenden Umfang habe, und seine verschiedenen Theile, wenn sie getrennt sind, in einer freien Verbindung mit einander stehen. Es sey eine Höle, eine ausgedehnte Reihe von Felsenspalten, oder eine ausgebreitete Schichte von Kies, oder sonstigen frei leitenden Stoffen: so wird allemal die Wasserfläche gleich eben, und gleich fähig bleiben, die erhaltenen Zuflüsse dergestalt zu verwenden, um einen gleichförmigen, oder regelmäßig fließenden Strom zu entlassen; so wie es die breiten hellen Gewässer sind, welche wir in bergigen Gegenden auf der Oberfläche verbreitet sehen. Ein schneller Regenschauer äußert keine merkliche Wirkung auf den Wasserstand eines Sees, selbst ein Platzregen wird da keine schnelle Überschwemmung verursachen; wie es in den Gegenden der Fall seyn wird, wo keine so ausgedehnte den Zufluß regulirende Fläche statt findet. Demungeachtet wird nach vielem Regen, und noch mehr nach einer anhaltenden feuchten Jahreszeit, der Wasserstand erhöht, und der Strom angewachsen seyn. Genau eben so verhält es sich mit den nun in Rede stehenden Quellen.

Nachdem wir bemüht gewesen sind, obige Erläuterungen über das, was man die Ökonomie der innern Wasser nennen könnte, und zugleich einiges Licht über die Theorie der Quellen zu geben [46]), so wird es nun Zeit seyn zum Hauptgegenstande, und dem speciellen in Rede stehenden Fall zurückzukehren. (Siehe S. 122).

Die in diesem Falle hervorgebrachte Wirkung, wechselt in gewissem Grade nach Maaßgabe der Beschaffenheit der Ländereien ab, welche überladen sind.

46) Der Verfasser verweilt noch in einer Anmerkung, bei der Beschreibung der außerordentlichen Quelle, genannt »ebbing and flowing well« die im westlichen Yorkshire liegt. Er nimmt an, sie würde durch einen höher liegenden Behälter mittelst einer engen Communikation genährt. In dieser sey ein beweglicher Stein, auf einem Stützpunkte; dessen schwereres Ende, sobald es ins Wasser sänke, leichter werde, als das andere, dann in der Luft befindliche. Er fügt hinzu, daß man jeden andern regelmäßig fließenden Wasserstrom durch Errichtung eines beweglichen Ventiles, zufolge dem nämlichen Princip, auf ähnliche Weise zum Ebben und Fluthen bringen könne; welches bei jener Quelle etwa alle 3 oder 5 Minuten abwechselt. —

Man wird hiedurch an den sogenannten hydraulischen Widder erinnert werden, dessen Erfindung in England ohngefähr zu der nämlichen Zeit als in Frankreich erfolgt seyn soll; und der im Jahr 1806 durch Mr. Bolton zu Soho unweit Birmingham zur Bewässerung von Ländereien angewandt wurde.

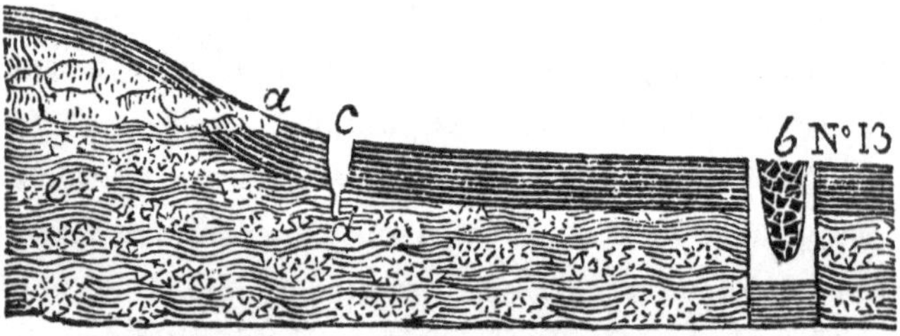

Wenn die eingeschlossenen Ländereien unvollkommen geschlossen sind, oder wenn die überladenden Wasser irgend einen andern unvollkommenen Ausgang in der gleichen Höhe finden, so ist die Wirkung ganz die nämliche, wie bei einem Unterboden, welcher dem Nachtheil unterliegt, in einer feuchten Jahrszeit gesättigt zu werden, und nach lange anhaltender Dürre austrocknet.

Allein, wenn der Unterboden des zu verbessernden Fleckes und die Unterschichten in dessen Nachbarschaft, in der nämlichen Höhe, gleich undurchdringlich sind, folglich die umdämmten Wasser genöthigt werden, höher zu steigen, um Luft zu erhalten, wie bei dem Auslauf, oder der Quelle in (a), so werden dadurch die niedriger gelegenen Ländereien einer fortdauernden Überladung ausgesetzt. Selbst der Oberboden wird, wenn er einigermaaßen einsaugend ist, einem gleichen Grade von Sättigung unterworfen, vermöge des oberhalb desselben befindlichen Wasserdruckes. Denn die zusammengepreßten Wasser drängen, dem allgemeinen Gesetze der Flüssigkeiten folgend, aufwärts gegen den Boden, um zu einer gemeinschaftlichen Standhöhe zu gelangen. Wenn der Oberboden frei und gleichförmig einsaugend ist, so wird er vollständig gesättiget. Die unvermeidliche Folge

davon

davon ist ein Lager von obern Wasserpflanzen, und im Fortgange der Zeit, eine weite Ausdehnung von tiefem moorartigem Sumpf; wenn der Boden theilweise einsaugend ist, so entstehn einzelne Strecken Moor [47]).

Das Mittel ist in diesem Fall das nämliche als im 10ten. Wenn der Unterboden gleichförmig frei ist und es oberhalb des Zug-Grabens *) des niedrigern Randes von dem zu verbessernden Fleck Landes, nicht an Wasser Zufluß fehlt, so wird ein Graben in (b) mit dem hinreichenden Fall, das Ganze vollkommen trocken legen; er wird überdies der gemeinschaftliche Auslauf für die innern Wasser werden, anstatt der laufenden Quelle in (a) welche alsdann, natürlicher Weise, von selbst aufhören wird zu fließen **).

Wenn aber im Gegentheil der Unterboden nicht offen genug ist, um einen freien Durchgang zu gestatten, oder wenn ökonomische Zwecke einen Fall von dem obern

47) Auf den einsaugenden Strecken bildet sich vermöge der ununterbrochenen Nässe die Bodengattung o, welche nach den sie erzeugenden Pflanzenarten und der Beschaffenheit der hinzutretenden erdigen Stoffe verschieden ausfällt.

*) Ein stehender oder ebener Graben (mit horizontaler Sohle) kann nicht (wie eine ebene Röhre) Wasser leiten. Der Wasserzug giebt den Boden eines Kanals Festigkeit, worin (im Niveau) stehendes oder schwach sich bewegendes Wasser einsinken würde. Ein Procent Fall ist in der Regel hinreichend; bei festem Boden ist ein Fuß auf zweihundert genug.

**) Brunnen, die am Fuß von Hügeln angelegt werden, äußern zuweilen auf höhere Quellen die nämliche Wirkung, und in andern Fällen bringt der Erdbohrer Wasser aus einer großen Tiefe zur Oberfläche herauf.

Rande her erfordern, so wird es passend seyn, den Haupttheil und den Druck des Wassers, durch einen, am Fuß des Hügels (wie in c) gezogenen Graben abzuleiten, und nachher die Fläche durch einen oder mehrere Abzüge, nach Erforderniß der Umstände, zu heilen.

Da, wo man eine Versorgung mit Wasser besonders wünscht, oder wo es auf die Verbesserung von kalten Ländereien, welche am Abhange von Anhöhen befindlich sind, ankommt, ist es für den sachverständigen Unternehmer, wenn er findet, daß ein tiefer Graben am Fuß des Abhanges (wegen zu großer Tiefe der anhaltenden Stoffe) unzureichend für den Zweck seyn würde: eine allgemeine Regel, die Wirkung des Erdbohrers (wie in d) zu versuchen. Er hat sich zu bemühen, nicht allein einen Wasservorrath für die damit zu versorgende Stelle zu erlangen, sondern durch Senkung der Oberfläche der unterirdischen Wasseransammlung bis zu einer gleichen Standhöhe mit dem Boden des Grabens (folglich bis zu der punktirten Linie e), die am Abhange liegende Ebene von dem oberhalb herkommenden Druck zu befreien; wodurch das Übel vielleicht ohne weitere Ausgaben, wenigstens an der höhern Seite, hinreichend gehoben werden wird.

Ferner ist für solche Fälle welche dem vorliegenden ähnlich sind, zu bemerken, daß da wo eine frei leitende Schichte, welche mit Wasser geladen ist, zu tief liegt, um ohne Mühe durch einen Graben erreicht, und zu flach, um durch den Bohrer befreit werden zu können; so wie in allen den Fällen, wo das Wasser zu niedrig, und in einer zu flachen Lage befindlich ist, um zu gestatten, daß ein offener Kanal tief genug gesenkt werden könnte, um es aus seinem natürlichen Bett zu entfernen, wo inzwischen auch keine offene Schichte unterhalb befindlich ist, um die Anlage eines Schachtes zu empfehlen: meiner Meinung nach ein Brunnen-Abzug (wie in b) den man an der niedrigsten Stelle des zu verbessernden Fleckes Land anbringt, mit guter Wirkung angewandt werden kann.

Wenn die Quantität des zu hebenden Wassers beträchtlich ist, und die Tiefe in welcher es liegt, nicht mehr als sechs oder acht Fuß beträgt, so kann die gewöhnliche Abmahlmühle der Marschland Distrikte angewandt werden, um das Wasser in einen offenen Graben zu heben, dem man etwa die halbe Tiefe gegeben hat. Wenn aber die Tiefe zu groß ist, oder die Oberschichten zu locker und unbeständig sind, um einen tiefen offenen Graben zu gestatten, ein gewölbter aber zu kostbar seyn würde, da wird eine Pumpe (durch eine Vorrichtung für Wind, oder da wo man über einen hinreichenden Wasserlauf gebieten kann, durch Wasser getrieben), im Stande seyn, das Wasser an die Oberfläche zu befördern: wenn man in beiden Fällen dafür sorgt, daß keine fremden Wasser dazutreten.

Um einen Brunnenabzug im lockeren Grunde auszuführen, ist es nöthig, eine starke hölzerne Einfassung so tief zu senken, als der Brunnen gegraben wird; man macht alsdann dessen Seiten hinlänglich offen oder durchdringlich, damit Wasser frei hereinziehen kann, und zureichend dicht, um zu verhindern, daß keine größeren Bestandtheile hereindringen können, welche die

Wirkung der Maschinerie, besonders der Mühle hindern würden. Die Größe der Einfassung muß nach Maaßgabe der anzuwendenden Maschine eingerichtet werden. Die Schöpfer einer Mühle würden eine lange Einfassung fordern, die nothwendiger Weise verhältnißmäßig stark seyn muß, dagegen für eine Pumpe eine wohlfeile Einfassung von Holz oder nicht vermörtelten Ziegeln hinreichend seyn wird.

Es scheint mir höchst wahrscheinlich, daß vermittelst im Frühjahr anzulegender Brunnenabzüge, und Anwendung von Schöpfmühlen, oder von starken Pumpen nach eingetretener feuchter Witterung, viele von den kalten flachen Ländereien, welche am Fuß von Hügeln in beinahe allen Thaldistrikten des Königreichs liegen, beträchtlich verbessert werden könnten.

14ter Fall. Der Boden sey aufhaltend, oder auch einsaugend, die Unterschichten zusammenhängend und geschlossen, übrigens geladen mit herunterziehenden und steigenden Wassern.

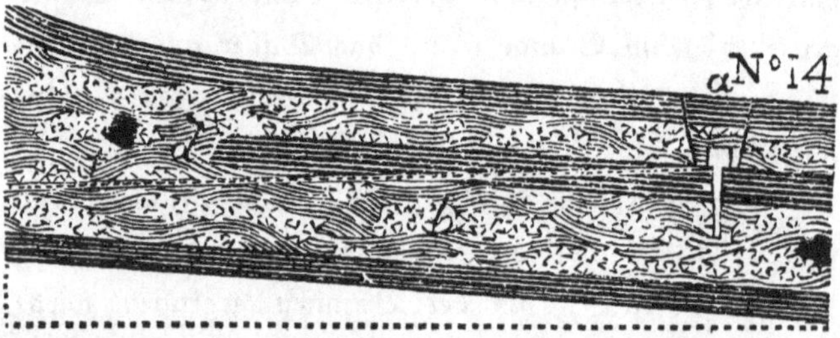

Wenn das heraufsteigende Wasser, nachdem es die Unterbasis (b) angefüllt hat, im fortdauernden Steigen einen einsaugenden Unterboden findet (in c), welcher von der Unterbasis durch eine anhaltende Schichte, oder die Basis [48]) getrennt ist, so wird es in der That heruntersinkendes Wasser, und kann eben so wie im 10ten Fall, durch einen Graben in (a) abgeleitet werden.

Alsdann bleibt noch die Unterbasis völlig geladen, und fähig dem Boden eine schädliche Kälte mitzutheilen. Indeß wenn in (e) die Basis durchbohrt, und so eine Kommunikation zwischen der Unterbasis (b) und dem Graben (a) eröffnet wird, so kann die Oberfläche der schädlichen Wasser zu einer Standhöhe mit dem Boden des Grabens heruntergebracht werden, wie solches die punktirte Linie (f) anzeigt. Durch dies einfache Mittel wird die Kälte von den obern Theilen des zu verbessernden Landstrichs, vorausgesetzt daß dabei ein beträchtlicher Fall statt findet, bis zu einem gewissen Grade entfernt.

Wenn man ferner annimmt, daß die Basis (d) nicht allein sehr abschüßig liegt, sondern auch durchbrochen, oder natürlich durchdringlich ist, imgleichen, daß der Unterboden (c) eine weniger freie Mengung habe, wie z. B. sandiger Lehm, aber die Unterbasis (b) von durchlassenden Bestandtheilen sey, so wie reiner Kies, so kann der Bohrer mit noch mehrerm Vortheil angewandt werden. Es wird nämlich, da der obere Theil des Kies (durch einen Graben mit Bohrlöchern) trocken gelegt ist, die überflüssige Feuchtigkeit des Lehms all=

48) Bei diesem verwickelten Fall wird auch in der Grundlage eine abweichende obere Schichte angenommen, eine anhaltende Oberbasis; die Natur des Bodens gleicht der im 12ten Fall geschilderten, doch ist der untere Bau anders und die Ursache der Nässe zusammengesetzter.

mählig durch die natürlichen Ritzen oder Löcher der festen Schichte, welche dazwischen liegt, heruntersinken. Auf solche Weise wird der Unterboden eben so wirksam vermittelst eines mit Bohrlöchern versehenen Grabens abgeleitet werden, die den gepreßten Wassern (da wo keine natürliche Risse vorkommen) das freie Aufsteigen in den Graben gestatten; als es durch zwanzig, ohne den Gebrauch des Bohrers geschehen könnte.

In solchen, und dem vorangeführten ähnlichen Fällen hat man den Ableitungsbohrer bisher mit guten Erfolg angewandt; nämlich da, wo eine feste Klayschichte, oder eine strenge klayige Lehmschichte, ein mit Wasser überladenes Lager von Sand, Kies, oder einem andern freien Leiter dergestalt bedeckt, daß das Land welches über einer solchen Grundlage der Abzüge ruht, dadurch in Nachtheil gesetzt wird.

Wenn man z. B. im letzten Fall den Graben durch die feste Basis senken wollte, um zu der unterhalb liegenden freien Schichte zu gelangen, so würde nicht allein der Graben zu einer unbequemen Tiefe gezogen werden müssen, sondern es würde überdem nöthig seyn, seinen Boden durch Holzreisig, Heide oder Rasen zu verstärken, um das Einsinken der Materialien zu verhindern. Wenn aber die Materialien Behufs der Anlage des Abzuges auf die nicht durchbohrte Basis gelegt würden, so könnten die in der Tiefe befindlichen Wasser blos durch die natürlichen Öffnungen nach dem Unterboden steigen, und so ihren Zug mit einem Umwege langsam nach den Graben nehmen *).

*) Der Gebrauch des Erdbohrers bei Abgrabungen kann

Es läßt sich erwarten, daß ein Lehrling bei aufmerksamer Durchgehung der vorangeführten Fälle, in kurzer Zeit eine allgemeinere Kenntniß und genauere Begriffe über die Ursachen und Wirkungen von den Krankheiten des Bodens, imgleichen über die dagegen anzuwendenden Heilmittel erlangen wird, als er vielleicht in einer Lebenszeit als bloßer Praktiker, nicht unterstützt durch Theorie oder Wissenschaft gewinnen könnte.

Doch, wenn gleich die hier vorgetragenen Fälle hinreichen mögen, um die Grundprincipien der Kunst zu bezeichnen, so werden sie den angehenden Unternehmer noch nicht in Stand setzen, ohne einige fernerweite Anleitungen, das Feld der Anwendung mit Erfolg zu betreten.

Es verhält sich mit der Erde nicht, wie mit dem thierischen Körper, dessen Bestandtheile ein regelmäßiges System bilden, und dessen Flüssigkeiten in bekannten Kanälen cirkuliren. Die cirkulirenden Flüssigkeiten der Erde werden durch die zufälligsten Umstände geleitet, und bewegen sich oft in den verworrensten und verwikkeltesten Kanälen. Daher kann man die Mannigfaltigkeit der Fälle für unendlich erklären. Nicht zwei Flecke Land sind einander völlig gleich.

In einer Zeichnung übersieht man mit einem Blick

mit dem der Electricität in der Heilkunde verglichen werden. Bei der ersten Entdeckung und Anwendung desselben proklamirte man ihn als Universalheilmittel. Die Praxis hat indeß auch für seinen Gebrauch die Ansprüche begränzt. In Fällen die den angeführten ähnlich sind, ist er höchst wohlthätig, und Mr. Elkington hat ein großes Verdienst, ihn zuerst eingeführt zu haben.

die Ursache und die Wirkung, und das Mittel ist einleuchtend. Nicht so im Felde der Anwendung, wo nur die auf der Oberfläche erscheinenden Wirkungen gegeben, und die Ursachen hinter einem dichten Vorhange verborgen sind. Obgleich nun diese in manchen Fällen, bis zu einem hinreichenden Grade von Gewißheit aus dem was auf der Oberfläche in die Augen springt, hergeleitet werden können, so sind sie dagegen in andern auch um so geheimer, wie eine wiederholte Prüfung der obigen Fälle genügend zeigen wird.

Es wird zu diesem Zweck die Bemühung angemessen seyn, die auf der Oberfläche sich zeigenden Wirkungen auf ihre verborgenen Ursachen zurückzuführen, und bei diesem Versuch mehr Licht über den dunkeln Pfad dem wir nun folgen, zu verbreiten.

Die Ursachen der Verdorbenheit von Ländereien sind entweder topisch, (äußerlich), wie in den neun zuerst genannten Fällen, oder systematisch, (innerlich), wie in den fünf letzten. Allein die Wirkungen, oder äußern Kennzeichen von beiden können dieselben seyn, obschon die anzuwendenden Mittel verschieden sind. Selbst dann, wenn die Gattung der Ursache bekannt ist, kann die Heilung durch die verwickelte Art, worin die Wirkung hervorgebracht wird, schwierig gemacht werden: wie weiter unten gezeigt werden soll.

Doch für gewöhnliche Fälle erlangt der Praktiker eine Fertigkeit, aus auf der Oberfläche sichtbaren Kennzeichen, oder aus den wesentlichern Wirkungen auf die hervorbringenden verborgenen Ursachen zu schließen.

Diese Wirkungen sind die folgenden:

Kaltes Land dessen schon wiederholt Erwähnung geschehn ist. Dies zeigt entweder einen tiefen klayigen Boden und Unterbau, wie im 1sten Falle [49]), oder ein in gewisser Tiefe unterhalb dem klayigen Boden stehendes Wasser an, welches der Oberfläche noch nahe genug ist, um auf den Ertrag Einfluß zu äußern, entweder durch Veränderung der Natur der Gewächse, oder indem ihr Wachsthum im Frühjahr oder während feuchter Witterung zurückgehalten wird; wie im 7ten, 10ten, 12ten, 13ten und 14ten Falle [50]).

Die Ursachen von kaltem Lande, und die Hülfsmittel findet man in den angeführten Fällen geschildert, vorzüglich im 13ten in welchem die Anwendung von Brunnenabzügen gezeigt worden ist.

Schwaches hungerquelliges, oder armes Land. Die wesentliche Verschiedenheit zwischen dieser, und der vorhin angeführten Gattung von Land, liegt in der Natur des (Ober-) Bodens; in der letzten ist er aufhaltend, in der nun zu erwähnenden durchlassend.

49) Der erste Fall begreift in sofern als die Gattung *h* dazu gehört, kaltes Land. Es hängt aber dabei vorzüglich viel von der Lage — Abhängigkeit, Neigung gegen die Sonne, und Gelegenheit zum natürlichen Zufluß humoser Bestandtheile — ab, daher auch bessere Gattungen bei der Struktur die der erste Fall annimmt, vorkommen. S. Anmerk. 31.

50) In allen diesen Fällen kommt, sofern der (Ober-) Boden (die Ackerkrume) aufhaltend ist, die Gattung stets mit *h* überein, wenn auch die Farbe wechselt; wenn er aber einsaugend ist, so ergeben sich Annäherungen an die Gattung *p* welche bei dem 6ten und 8ten Fall geschildert worden ist.

Die Ursachen vom schwachen Lande können entweder topisch seyn, wie im 6ten und 8ten Fall; oder systematisch, wie im 10ten, 12ten, 13ten und 14ten [51]). Wenn der zu verbessernde Fleck beinahe eben liegt, oder wenn Anhöhen einsaugender Natur unmittelbar darüber liegen, und man die (äußere) Wirkung nur von kurzer Dauer findet, so gehört wahrscheinlich die Ursache zur ersten Klasse. Dagegen wenn jenes Land eine sehr abhängige Lage hat, und die höher gelegenen Ländereien der Nachbarschaft undurchlassend sind, so werden wahrscheinlich die schädlichen Wasser unterirdisch aus einer innern Quelle herbeigeführt, insbesondere, wenn die Überladung lange fortdauert, nachdem der Regen niedergefallen ist.

Die angemessenen Hülfsmittel richten sich nach den Ursachen, und man findet sie in den Fällen, worauf Bezug genommen worden, angegeben.

Landquellen, (auch Springe, Sprinde, oder Wassergallen genannt) sind partielle Wirkungen, welche sich der Natur des kalten, oder auch des schwachen Landes beigesellen, nach Maaßgabe der Beschaffenheit des sie bedeckenden Bodens. Man kann sie als die gewöhnlichste Krankheit des Bodens betrachten.

Sie werden bei einem grastragenden Boden nicht

51) Wenn im 10ten, 12ten, 13ten und 14ten Fall der Ober-Boden (welcher in den Zeichnungen aufhaltend angenommen worden), einsaugend ist, so ergeben sich: die Gattung *p* (mit ihren Abarten, dem mehr mit *h* verwandten bindendern Schluf; imgleichen dem schwächern Letten in einem Übergange bis zur Gattung *m*), und die Gattung *o*, letztere zuweilen in Verbindung mit *l* oder auch wohl mit *n*. Vergleiche Anmerk. 47.

allein durch, nach Beschaffenheit seiner Natur verschiedene Gattungen von Pflanzen, die im feuchten Lande wachsen, angedeutet; sondern in einer regnigen Witterung macht der stärkere Grad der Feuchtigkeit der Oberfläche, wenn man über ein solches Feld geht und das tiefere Eintreten des Viehes sie kenntlich. Im gepflügten Zustande kann man sie in einer feuchten Jahreszeit nach dem kümmerlichen, gelben und langsam vorgerückten Ansehn der Saat unterscheiden; noch genauer sieht man sie nach feuchter Witterung im Zustande der Brache, wenn die Oberfläche anfängt zu trocknen: indem alsdenn die gesundern Theile trocken und von hellerer Farbe, die kranken hingegen feucht und dunkler gefärbt sind.

Die Ursachen der Landquellen sind gewöhnlich topisch; die Krankheit nämlich wird durch Regenwasser, welches auf einen einsaugenden Boden fällt, der durchbrochene Unterschichten hat, hervorgebracht, wie im 9ten Fall. Eine breite, oben flache Masse von sandigem oder kiesartigem Lehm, überdeckt mit einzelnen Strecken oder Strichen von Klay, ist besonders geeignet, diese Gattung nasses Landes zu erzeugen.

Das Mittel gegen Landquellen ist im 9ten Fall angegeben.

Triebsand. Dergleichen Erscheinungen sind gewöhnlich topisch, und in den meisten Fällen vorübergehend; indem sie nämlich nur in und nach feuchter Witterung sich zeigen, dagegen aber die Stellen sich schließen, und wieder fest werden, wenn die Zuflüsse des Wassers in anhaltend trockener Witterung versiegen. Daher sind ihre

Oberflächen frei von der Moorerde der Sumpfpflanzen, welche eine beständige Kälte, wo nicht eine beständige Versorgung mit Feuchtigkeit erfordern: unterdeß die hier in Rede stehenden Wirkungen durch Lager von Sand oder Kies entstehen, welche durch festere Schichten dringend, bis an die Oberfläche ragen, und folglich in dürrer Witterung dem Versengen ausgesetzt sind.

Das Mittel dagegen ist leicht. Man bezeichne den Mittelpunkt des in feuchter Witterung angegriffenen Theils, und bei trockener ziehe man dahin einen hinlänglich tiefen Graben, welchem man den erforderlichen Fall giebt, und ihn mit solchen Materialien anfülle, welche angemessen sind, um das Wasser so wie es sich im Unterboden sammelt, durchzulassen.

Wenn der, auf solche Weise geheilte Schaden in der Mitte eines Feldes befindlich ist, so suche man Boden von einer ähnlichen Art, wie der des übrigen Feldes zu sammeln, und bedecke damit den fehlerhaften Theil, um ihn auf solche Weise gleichförmig mit dem Überrest der Breite zu machen.

Schweppige (schwammige) Moore oder Sumpfflecke, welche an Thalufern hängen oder über niedrigere Flächen verbreitet sind.

Diese sind verschiedenen Ursprunges. Sie können so, wie es bei dem Triebsand der Fall ist, durch Wasser gebildet werden, welche in ihrer unmittelbaren Nachbarschaft niederfallen: die indeß, um jenes Übel hervorzubringen, einen Behälter finden, welcher dazu hinreichend ist, dem ungesunden Theil einen beständigen Zufluß von Feuchtigkeit, oder doch genug zuzuführen, um den Sumpfpflanzen, welche darin wurzeln, Nahrung zu geben. Eine Anhöhe die aus frei leitenden Bestandtheilen zusammengesetzt ist, und deren niedrigere Ränder unvollkommen mit aufhaltendem Boden bedeckt sind, ist ganz besonders diesem Übel ausgesetzt, welches ebenmaßig auch durch Massen von aufhaltenden Bestandtheilen, die am Abhange oder Fuße eines solchen aufgetriebenen Hügels liegen, verursacht werden kann, wie im 9ten Fall. Es kann auch durch innere Wasser hervorgebracht werden, die in einzelnen Kanälen, welche sie bis zur Oberfläche leiten, herunterkommen, wie im 11ten Fall. Desgleichen durch herunterziehende Wasser, welche zwischen einem aufhaltenden Boden eingeschlossen sind, (wie im 10ten Fall), der indeß wegen eines Mangels im Zusammenhange, und wegen des Druckes des oberhalb liegenden Wassers, der eingekerkerten Feuchtigkeit gestattet, durch Adern von Sand, oder von andern leitenden Substanzen, nach der Oberfläche zu steigen, und da das in Rede stehende Übel zu erzeugen.

Die Gegenmittel sind bei den Fällen, worauf hier Bezug genommen wird, angezeigt worden. Wenn die Ursache bloß topisch ist so hilft ein Graben, der nach dem angegriffenen Theil hingezogen wird, wie im 9ten Fall. Ein theilweiser Zufluß von innerm Wasser kann so wie im 11ten Fall abgeleitet werden. Allein wo die Überladung gleichförmig ist, wie im 12ten, 13ten und 14ten Fall, da kommt es darauf an, die gesammte Füllung des Unterbodens wegzuschaffen, wodurch die Wirkungen auf der Oberfläche verschwinden werden.

Ausgedehnte Sümpfe, oder tiefe Moorgründe,

die entweder die Basis enger Thäler einnehmen, an abhängigen (sich neigenden) Oberflächen hangen, oder über tiefere Ländereien am Fuß von Hügeln verbreitet sind.

Diese sind der Hauptgegenstand in der Kunst des Abgrabers, und erfordern seine vorzüglichste Geschicklichkeit und Aufmerksamkeit. Sie können von irgend einer der Ursachen welche Landsümpfe erzeugen, herrühren; nämlich von Wassern die aus einem großen Strich einsaugenden Bodens sich sammeln, welcher unmittelbar darüber liegt, oder von Wasserbehältern die in entferntern Hügeln befindlich sind, — oder von Wassern welche unter ihnen aufsteigen, und aufwärts gegen einen einsaugenden Boden pressen, — oder von den drei vereinten Ursachen. Wenn nun in irgend einem der Fälle 10, 12, 13, 14, der Boden frei, und gleichförmig einsaugend wäre, so würde er in einem fortdauernden Zustande von Sättigung bleiben: folglich würden Sumpfpflanzen wuchern und moorartige Pflanzenerde würden gebildet werden. Falls der Boden nicht blos von einsaugender Natur, sondern ungleich wäre, sey es in der Mengung, oder in der Dicke, so würden gefährliche quebbige Lachen entstehen, so wie man sie häufig auf ausgedehnten Sumpfgründen zerstreut findet. Ferner, falls der Boden nicht allein uneben, sondern an einigen Stellen gespalten wäre, so würde da das Wasser in feuchten Jahreszeiten ausströmen, und bei einer flachen Lage das Unheil vergrößern. Wenn außerdem innerhalb der Fläche des solchergestalt durch steigende Wasser angegriffenen Grundes, die Wassermasse eines Bergbehälters in der, in der 11ten Figur dargestellten Art ihre Wirkungen äußern sollte, indeß in einem andern Theil des nämlichen Landstriches die herabziehenden Wasser eines benachbarten Hügels gelagert wären, so würde alsdann eine dreifache Verwickelung entstehen. Selbst dieser Fall kann noch verwickelter und schwieriger werden, durch eine in der Oberlage befindliche Quelle (gleichviel von wo sie herrührt) die am Rande der Fläche ausbricht, und sich über die Ebene im natürlichen oder im vernachlässigten Zustande verbreitet, (wie in dem S. 124 in der Anmerkung erwähnten Beispiel).

Die zweckmäßigen Mittel die man sowohl bei einem ausgedehnten Sumpf als in einem jeden andern Fall, wo von Ableitungen die Rede ist, anzuwenden hat, bestimmen sich nach der Ursache oder den Ursachen, die daran Schuld sind. Wenn die Ursache einfach ist, so läßt sich das Mittel bei gehöriger Ausforschung der anstoßenden Grundstücke nicht selten schnell und sicher entdecken. Doch (obschon ein so verwickelter Fall als der oben beschriebene selten vorkommen mag, so giebt es doch viele Fälle, worin die wirkenden Ursachen weniger in die Augen leuchten; — einige sind so verwickelt und schwierig, daß sie die Geschicklichkeit der gewandtesten Praktiker vereiteln, die Vorzüglichkeit worauf sie Anspruch machen mag noch so groß seyn: — sie erfordern einen Grad von Durchschauung, den der menschliche Geist, nur durch das Auge geleitet, nicht hat. Bei dergleichen Fällen ist mechanischer Beistand nöthig, um andere Data zu sammeln, als die, welche auf der Oberfläche erscheinen, und daran die Urtheilskraft zu üben. Dann ist es nicht genung, die Gattung der Ursache auszumitteln, man muß auch den Kanal entdecken, durch welchen sie würkt. —

Doch bevor ich fortfahre von den schwierigern und verwickeltein Fallen zu handeln, wird es angemessen seyn, noch zwei zu erwähnen welche von einer gewöhnlichen und einfachen Natur sind; nämlich:

15ter Fall. Moorige Thäler, welche in Norfolk und andern Distrikten gewöhnlich sind, und deren Bildung von Wassern herrührt, die in einsaugenden und frei leitenden Gründen gesammelt sind, welche letztere an einer oder der andern Seite derselben sich heben, und nicht leitende Schichten in einiger Tiefe zu Unterlagen haben.

N°15.

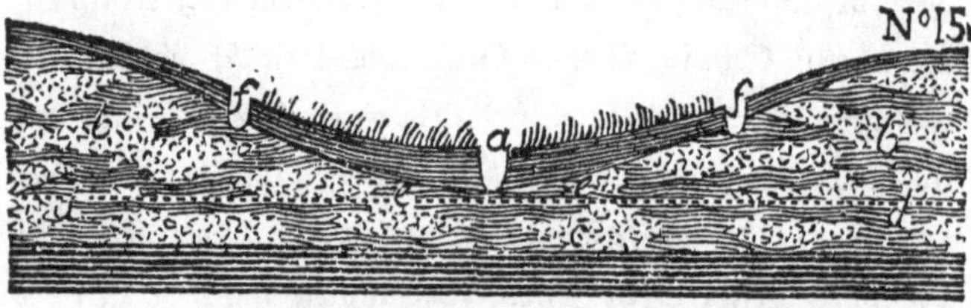

Das Mittel ist in diesem Fall so einleuchtend und einfach, wie die Ursache. Man ziehe einen Graben herunter nach dem mittlern oder niedrigsten Theile des Thals durch den Moor, so tief in die Basis worauf der Moor ruht, um ihn ganz von der Berührung des Wassers zu befreien. Denn es liegt in der Natur des vegetabilischen Moders, so lange als er in einem porösen, gleichsam gährenden Zustande sich befindet, Wasser wie ein Schwamm einzunehmen, und damit so lange gesättiget zu bleiben, als ein regelmäßiger Zufluß fortdauert. Allein, wenn dieser Zufluß abgeschnitten ist, so

wird

wird ihn die Ausdünstung in kurzer Zeit für die Zwecke der Verbesserung tauglich machen.

Durch den Graben in a werden die durch die Anhöhen bb eingesogenen Wasser, die in ihrem Heruntersinken durch die anhaltende Basis c gehemmt sind, nach der punctirten Linie d, d, niedergezogen, und die moorige Erde e, e, wird ganz von der Berührung des in der Unterlage befindlichen Wassers befreit werden. Wenn niedrige Graben, wie f, f, entlang den obern Rändern des Moores gezogen werden, um das Oberfläche-Wasser, welches ihn etwa nähren möchte, abzufangen, so wird das Ganze vor aller Communication mit Wasser gesichert seyn, dasjenige ausgenommen, welches auf die eigne Oberflache fällt.

16ter Fall. Der andre hier zu erwähnende Fall ist der einer fortgesetzten Linie, oder eines Gürtels von Moor, der vorlängst dem Abhange, oder niedrigern Rande, von einem aus einsaugenden Bestandtheilen bestehenden Hügel belegen ist, welcher letztere, so wie im vorigen Fall auf einem Grundbau von aufhaltender Materie ruht: wobei der Fuß, oder die niedrige Umgebung des Hügels auf ähnliche Weise von einer nicht leitenden Umgürtung oder Bedeckung beschirmt ist. Dadurch entsteht ein wasserdichter Behälter, welcher fähig ist, in feuchter Jahreszeit bis an den Rand (oder bis zu der punctirten Linie a b in der Figur) gefüllt zu werden.

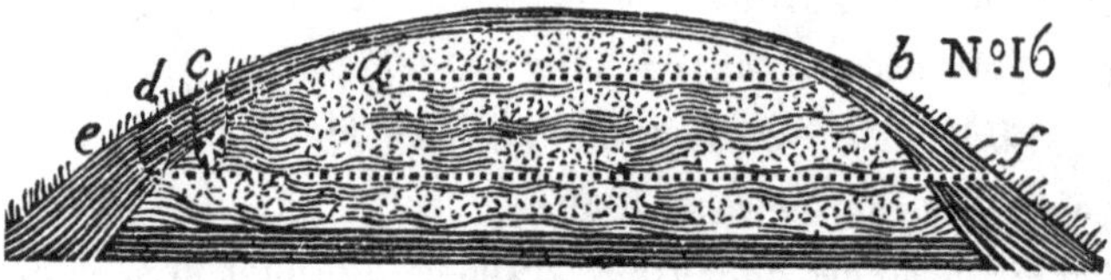

Ich habe die Darstellung dieses Falles um so mehr deswegen unternommen, weil Mr. Elkington seine Entdeckung in einem Fall ähnlicher Art machte, und daraus seine Abgrabungsmanier sich beurtheilen läßt.

Die Figur zeigt, daß wenn ein tiefer Graben, wie in c durch die Decke, und hinunter bis in die aufhaltende Masse gezogen wäre, der Inhalt des Behälters bis zum Boden eines solchen Grabens abgezapft seyn würde. Eben so einleuchtend ist es, daß wenn ein niedrigerer Graben (d) mehr unterwärts nach dem Abhange hin, bis zu der nämlichen Tiefe gezogen würde, in, aber nicht durch den festen Grund, — und wenn nun der Boden eines solchen, vergleichungsweise flachern Grabens mit Bohrlöchern versehen würde, die bis in den wässerigen Behälter gehen, — die darin enthaltenen Wasser in einer ähnlichen Art bis zu der punctirten Linie e f abgezapft seyn werden. Oberhalb derselben würde, durch jede von beiden Verfahrungsarten, das Land von der Berührung der unterliegenden Wasser befreiet und folglich verbessert werden: während die Ländereien unterhalb der Linie davon nichts weiter empfinden würden, als Befreiung von dem Gewicht und aufwärts pressenden Druck der abgeleiteten Wasser.

Nichts destoweniger sieht man deutlich den Vortheil von Mr. Elkington's Methode: indem nämlich der

Graben d mit weniger Unkosten, und fester wie der in c gemacht wird; wobei inzwischen die Ausgabe für das Bohren sowohl, als einige Nebenausgaben bei Anlage eines Hohlabzuges, um das Wasser aus den Bohrlöchern aufzufangen, mit in Rechnung gestellt werden müssen.

Vermittelst der nämlichen Figur läßt sich ein anderer schatzbarer Gedanke Elkington's erklären.

Wasser, welche innerhalb der Erde eingeschlossen sind und einerlei Standhöhe der Oberfläche erlangen, nachdem die frischen Zuflüsse sich gesetzt haben, können, da sie jene Standhöhe gleichförmig behalten, an einer oder der andern Seite des Hügels mit gleichem Vortheil für beide abgezapft werden (vorausgesetzt, daß die Bestandtheile gleichartig sind, oder falls sie verschieden wären, daß sie gegenseitig mit einander frei communiciren) daher werden die Ländereien oberhalb der Standhöhe der Linie e f, gleißmäßig abgegraben seyn, es möge die Abzapfung in e oder in f erfolgen. Folglich, wenn man dem Wasser leichter an einer Seite des Hügels als an der andern beikommen kann, — oder wenn sich in f ein besserer Auslauf beschaffen läßt, als in e, — oder wenn man zu öconomischen Zwecken Wasser gebraucht, so kann man die Seite wählen, welche zu der gewunschten Absicht sich am besten eignet.

In der vorangeschickten Übersicht der Wirkungen, oder äußern Erscheinungen giebt es augenscheinlich Fälle, in welchen ein Praktiker mit dem gehörigen Grade von Gewißheit auf die Ursachen, wodurch sie hervorgebracht sind, schließen, und daher auf der Stelle mit hinreichender Genauigkeit die Vorkehrungen ins Werk richten kann, welche zur Heilung nöthig sind. In weniger klaren Fällen wird man durch Auffassung der unterscheidenden Merkmale, und feste Bezeichnung der Punkte, wo die schädlichen Wasser sich äußern, die Schwierigkeiten in der Regel überwinden, und das Übel mit Leichtigkeit und wenigen Kosten heilen können. Ein mit gehöriger Beurtheilung geleiteter Graben kann eben so viel wirken, als zwanzig die aufs Gerathewohl und ohne Vorsicht angelegt sind, die man übrigens wohl mehr von den Besitzern, als von Teichgräbern erwarten sollte.

Doch bei verwickelten Umständen, und bei großen Unternehmungen, z. B. ausgedehnten Sümpfen, sind oft die Klügsten in Verlegenheit. In den vielen praktischen Fällen welchen ich Gelegenheit hatte beizuwohnen, habe ich, selbst bei den geschicktesten, nichts auf wissenschaftliche Gründe gestütztes, nichts der Vollkommenheit sich annäherndes gefunden. Unter den gemeinen Praktikern ist beinahe die ganze Kunst in Geheimniß eingehüllt, und viel davon vom Zufall abhängig: oder was noch schlimmer ist, sie hängt mit Plänen verschmitzter Marktschreierei zusammen.

Es läßt sich wohl mit Wahrheit behaupten, daß es keinen Zweig ländlicher Verbesserungen giebt, bei dem so viel Geld unnütz verschwendet worden ist, als bei dem Abgraben, welches an sich selbst, gehörig betrieben, als der wichtigste Zweig gelten kann. Mir sind Beispiele bekannt, daß man dreimal, ja wohl fünfmal so viel für das Abgraben eines Gutes ausgegeben hat, als den Umständen nach erforderlich war, und man hätte höchst wahrscheinlich für ein Fünftel des Geldes das Werk in einer wirksamern und dauerhaftern Art zu Stande bringen können.

Es ist das Interesse eines Unternehmers von Grabenarbeiten, so viel wie möglich zu verdienen: (Ich rede von der gewöhnlichen Klasse, nicht von den wenigen einsichtsvollen Individuen, die neuerlich aufgetreten sind). Er füllt daher den ihm übergebenen Grund auf einmal mit Abzügen an, die er entweder nach allen Richtungen, oder doch da, wo nur irgend Spuren von Feuchtigkeit sind, verbreitet; indeß vielleicht durch einen einzigen Abzug, der gehörig nach dem Sitz des Wassers geleitet worden wäre, dessen Verbreitung jene Spuren verursachte, der ganze Landstrich auf eine wirksame Weise hätte trocken gelegt werden können.

Um nun dieser Verschwendung von Arbeit zu begegnen, und einige vernünftige Mittel an die Hand zu geben, um Güter vor den Nachtheilen, die aus Unwissenheit, oder noch minder verzeihlichem Betruge entstehn, zu schützen, bin ich bewogen worden, mit desto größerer Ausdauer bei der hier unternommenen beschwerlichen Arbeit zu beharren. — Wenn es mir außerdem noch gelingen sollte, Geschäftsmännern hinreichende Anleitungen zu ertheilen, um sie in den Stand zu setzen, die schwierigern Vorkehrungen dieser vorzüglichsten Verbesserung zu leiten, so würde ich auch den andern Zweck erreicht haben, den ich beabsichtigte, als ich die Arbeit unternahm. — Ich bin davon überzeugt, daß Verbesserungen dieser Art allgemeiner verbreitet seyn würden, wenn nicht die großen Ausgaben, welche sie oft veranlassen, und die unwirksame Art, worin sie oft ausgeführt werden, abschreckten. — Wenn ich endlich glücklich genug wäre, durch Zusammenstellung der Theorie und Praxis des Abgrabens in einen faßlichen Überblick, die Ansichten von Unternehmern von Abgrabungen zu erhellen, so würde ich für die Zeit und Anstrengung vollkommen entschädiget seyn, welche ich diesem für Verbesserung von Landgütern so wichtigen Gegenstande gewidmet habe.

In der Praxis liegt die gröste Geschicklichkeit des Kunstverständigen darin, mit Schnelligkeit und Bestimmtheit den Sitz, oder den Kanal der Wasser zu entdecken, welche die abzuhelfenden Übel hervorbringen. Dies ist aber (wie erwähnt) ein höherer Punkt der Kunst, dessen man, wie ich glaube, durch Übung oder Fertigkeit allein noch nicht hat mächtig werden können. Auch ist dies vielleicht für den menschlichen Geist, ohne andere Leiter oder Beistand zu haben, als Kennzeichen der Oberfläche oder äußere Erscheinungen, wenn von allen vorkommenden Fällen die Rede ist, unmöglich. Noch habe ich nicht gefunden, daß man in der Praxis sich eines andern Beistandes bediente, doch giebt es einen, der sich merklich von selbst darbietet.

Das Aufsuchen von unterirdischen Wassern, und das von mineralischen und fossilischen Substanzen ist sich so vollkommen ähnlich, daß es auffallend ist, wie man die nämliche Verfahrungsmethode nicht schon seit langer Zeit auch im ersten Fall angewandt hat. Wenn ein Bergmann, z. B. bei einer Steinkohlengrube sich nach einem andern Distrikt begiebt, um neue Lager von Steinkohlen aufzusuchen, so fängt er seine Arbeit nicht damit an, einen Schacht zu senken, selbst dann nicht, wenn auch die Kennzeichen günstig für seine Absichten wären. Er prüft den Grund zuerst mit dem Bohrer, und mittelt so, mit einem verhältnismäßigen geringen Kostenaufwand aus, wo die angemessene Stelle sey, die Grube anzulegen. Um nach Mergel, Ocker und andern Fossilien zu forschen, ist, wie man behaupten kann, der Bohrer allgemein im Gebrauch. Eben so wahr ist es, daß er eben sowohl, und mit mehrerm Vortheil, als ein gewöhnliches Instrument des Abgrabens, dazu angewandt werden könnte, um die Behälter und Kanäle von unterirdischen Wassern aufzufinden, und so die Kunst von dem Schleier des Geheimnisses worin sie bisher eingehüllt war, zu befreien.

Ich habe ein Beispiel in der Praxis des ersten Abgrabers gesehn, wo der Gebrauch des Bohrers, um das Wasser zu finden, bevor man mit dem Spaten zu arbeiten anfing, eine beträchtliche Geldsumme erspart haben würde, welche eines practischen Fehlgriffes wegen ausgegeben worden war.

Hier wird die Auseinandersetzung der Methode, den Bohrer in dieser Absicht anzuwenden, einen angemessenen Platz finden.

Man hat in einem gegebenen Falle zunächst darauf sein Augenmerk zu richten, ob die Wasser, welche Ursachen des abzuhelfenden Unheils sind, vortheilhaft angewandt werden können, und wenn dies angeht, ob es nothwendig ist, daß sie wegen des bestimmten Zweckes von der höhern Seite der zu verbessernden Flache genommen werden müssen; denn wenn dies einträte, so muß der obere Rand zuerst, und sehr genau untersucht werden.

Wenn man die Wasser da nicht entdecken, oder doch nur theilweise sie ableiten kann, so daß die Fläche unterhalb noch in krankhaftem Zustande bleiben würde, so sollte eine jede Stelle derselben, wo entweder Kennzeichen der Oberfläche, oder die Lage des Landes verborgenes Wasser vermuthen lassen, bis zu einer, der Natur des vorliegenden Falles angemessenen Tiefe durchbohrt werden. In gewöhnlichen Fällen reicht die Ti… von 3 bis 4 Fuß hin. Allein, um die tief liegenden innern Wasser zu entdecken, welche eine allgemeine Kälte oder Schwäche der abhängig liegenden, oder am Fuß der Hügel befindlichen flachen Ländereien veranlassen, ist eine weit größere Tiefe erforderlich.

In allen Fällen muß man die Bohrlöcher mit hineingesteckten Stangen bezeichnen, welche mit angehängten Täfelchen oder Nummern versehen sind, um sie in die Augen fallend zu machen und sich leicht darauf beziehen zu können.

Wenige Tage nach Beendigung dieser Arbeit lasse man die verschiedenen Bohrlöcher mit einer Maaßstange ausmessen, und sowohl die Tiefe des Wassers, oder der Wasser haltenden Schichte eines jeden, als auch diejenige Tiefe anmerken, in welcher die Oberfläche des Wassers unter der gesammten Oberfläche des Bodens liegt.

Wenn man solchergestalt eine gründliche Kenntniß von der innern Lage des Wassers erhalten hat, so ziehe man einen oder mehrere Ableitungsgraben nach dem am niedrigsten liegenden Theil (oder nach diesen Theilen) des zu verbessernden Feldes, in einer hinreichenden Tiefe, um das Wasser aus seinen tiefsten Lagerstellen, oder aus einer sonst dem Locale nach erforderlichen Tiefe abzuziehen. Von diesem Hauptgraben aus lasse man einen Nebengraben allmälig steigend nach den tiefsten Lagerstellen des Wassers, welche sich an der niedrigern Seite des Feldes befinden, führen.

Wenn der erste Sturz des Wassers sich verzogen hat, so messe man abermals die verschiedenen Bohrlöcher in der Nachbarschaft des Seitengrabens, und mittle so die dadurch hervorgebrachte Wirkung aus. Wenn die Bohrlöcher leer geworden sind, so hat der Graben das Land entwässert, und die Arbeit ist so weit beschlossen; wo nicht, so fahre man fort, oder ziehe einen frischen Seitengraben nach der zunächst tiefsten Lagerstelle des Wassers in dem am niedrigsten liegenden Theile; man gehe in ähnlicher Art aufwärts weiter vor, bis die verschiedenen Bohrlöcher welche viel Wasser enthielten, trocken gelegt sind. Dann stelle man die Arbeit so lange ein, bis ihre Wirkungen an den übrig bleibenden Bohrlöchern sich ausgewiesen haben *).

Wenn man einen Auslauf welcher hinreichend wäre,

*) Ein ähnliches Verfahren ist bei Abgrabung der verschiedenen nassen Ländereien eines Gutes anzuwenden, daß man nämlich mit den feuchtesten Theilen den Anfang macht; so das Ganze auf diesem natürlichen und leichten Wege übergeht; dann aber abwartet (indem man zunächst zu den zuerst abgeleiteten Theilen zurückkehrt), welche Wirkungen sich auf den benachbarten Ländereien äußern: und so weder Arbeit noch Materialien vergeblich anwendet.

das Wasser aus seinen niedrigsten Lagerstätten abzuführen, oder genug Tiefe hätte, um dessen schädliche Wirkungen aufzuheben, auf der Oberflache nicht schaffen kann, so suche man eine offene Unterbasis (s. den 12ten Fall) auf, und bemühe sich, es so wegzuleiten. Wenn auch dies Mittel der Ableitung unausführbar befunden würde, so senke man einen Brunnen, so tief, oder etwas tiefer, als die niedrigste Lagerstelle, und hebe das Wasser mittelst einer Mühle oder Pumpe (wie im 13ten Fall beschrieben), heraus.

Selbst in minder schwierigen Fällen, wie die von getheilten Strichen von Sumpf, oder zusammenhängenden Flecken, wo die Lagerstätte des Wassers ziemlich deutlich durch Kennzeichen der Oberflache angedeutet wird, kann man mit Nutzen den Bohrer anwenden, um mit Genauigkeit die Richtung des Abzuges zu bestimmen, und ihn auf der anhaltenden Schichte, als seiner angemessenen Tiefe zu gründen. Siehe den 9ten Fall.

In einem Falle wo die Krankheit allgemein, und gleichförmig über die ganze Fläche verbreitet ist (wie es sich selten ereignet), ist der Bohrer von geringerem Nutzen. Dann ist es für das Ganze, wo nämlich der Unterboden einsaugend, aber nicht frei durchlassend ist, nothwendig, parallele Abzüge queer vorlängst der Böschung in solchen Entfernungen von einander zu ziehen, wie sie der Natur des gegebenen Unterbodens angemessen sind, übrigens von solcher Bauart, wie sie die Beschaffenheit des Bodens, Unterbodens und der Basis zusammengenommen erfordern, und die Materialien der Gegend, wo man sich befindet, gestatten.

Die Gattungen von Abzügen, deren man sich gegenwärtig in den verschiedenen Theilen des Königreiches bedient, sind folgende:

Offene Abzüge. Diese Klasse umfaßt Oberfläche-Graben jeder Art, von den Zwischenfurchen in gepflügtem Lande, und flachen Einschnitten in Wiesen und Weideplätzen ab, bis zu den allgemeinen Reinigungsgraben oder ableitenden Kanälen in Höhe-Ländereien, und den fast mit gar keinem Fall versehenen Graben oder Wassereinhägungen in den Bruchgegenden (Niederungen).

Um Regenwasser von den Oberflächen, auf welche sie fallen, zu ihren natürlichen Behältern zu leiten, sind offene Graben am zweckmäßigsten. Dagegen kann man sie nicht wohl anwenden, um Wasser aus der Tiefe des Bodens zu ziehen, ausgenommen als Hauptabzüge um den zusammen gesammelten Strom abzuführen. Unmittelbar wirkende Abzüge, die in einer hinreichenden Tiefe durch die Breite eines Feldes deshalb gezogen sind, um die überflüssige Feuchtigkeit des Unterbodens herauszuführen, darf man keinesweges mit Angemessenheit offen lassen. Wo Wasser herausdringt, da ist die Unterlage natürlich locker, und geeignet, in offenen Graben auszustürzen, die noch überdies dem Tritt des Viehes ausgesetzt bleiben, so daß sie selbst in Grasländereien unzweckmäßig sind, allein noch unanwendbarer in Ländereien, die unter dem Pfluge liegen. Selbst Hauptgraben müssen, wenn sie durch lockern Grund geführt werden, an einer Seite verhägt, oder weit und tief genug gemacht werden, um das Übertreten des Viehes zu verhindern.

Gewölbte Hauptabzüge. Diese sind zu kostbar, um in irgend einem andern Fall gebraucht zu werden, als, wie große Ableitungszüge durch sehr lockern Grund, oder da, wo offene Graben ganz unzuläßig seyn würden, wie z. B. in verschönerten Plätzen, oder, um Wasser aus tiefen Brunnenabzügen wegzuleiten. Da wo platte Steine häufig sind, mag man verdeckte Hauptabzüge damit anlegen, vorausgesetzt, daß die durchzuführende Wassermasse nicht groß sey.

Bedeckte Unterbodenabzüge. Diese wechseln (oder sollten es doch) nach Maaßgabe der Natur der Unterschichten, und der Materialien welche die Gegend liefert. Sie sind entweder hohl oder gefüllt, nach Maaßgabe des Weges auf welchem sie das Wasser empfangen, und der Beschaffenheit der dazu verwandten Materialien.

Hohle Unterbodenabzüge. In den Fällen, wo das Wasser in den Abzug an seiner Sohle eindringen soll, wie bei steigenden Wassern, da sind hohle Abzüge den gefüllten vorzuziehn, besonders wo man den Bohrer angewandt hat: weil das Wasser unmittelbar einen offenen Kanal zu seiner Aufnahme bereit findet *). Allein, wo der Abzug von seinen Seiten, aus

*) Mr. Elkington empfiehlt, wenigstens in schwierigen Fällen, an der Seite des Abzuges, nicht in der Mitte seines Bodens (seiner Sohle) zu bohren. Bei solchem Verfahren bei übrigens hohlen, gerundeten Abzügen, würden

der Schichte, in welcher er angelegt. ist, die Wasser sammeln soll, da wird eine gewisse Tiefe von durchlassenden Stoffen erfordert, und da werden wohlfeilere Abzüge in der Regel zum Zweck führen. In Fällen, wo steigende und heruntersinkende Wasser aufzunehmen sind, kann man beide Arten mit gutem Erfolg vereinigen.

Hohle Steinabzüge. In Gegenden wo dünne platte Steine häufig sind, und in Fällen wo der Unterboden tief ist, und eine lockere bröcklige Mengung hat, sind viereckige gemauerte Abzüge, aus breiten platten Steinen gemacht, zweckmaßig; man legt sie auf den Boden, richtet von beiden Seiten aus den Abfallstücken des nämlichen Steins Mauern auf, und deckt sie oben mit platten Steinen (wie solches in a. Fig. 17 dargestellt ist). Sie sind kostbar, aber wirksam und dauerhaft. Die Weite von denen, welche ich untersucht habe, fand ich beträchtlicher, als nöthig seyn möchte, nämlich ungefähr 8 Zoll breit und 6 Zoll tief. Es ist indeß zu bemerken, daß je größer ihre Dimensionen sind, desto fähiger werden sie, die nahe liegenden Wasser einzunehmen, und desto weniger sind sie dem Verschlämmen ausgesetzt. Wenn ein Abzug dieser Art auf einer festen Basis hin geleitet wird, und einen mäßigen Fall erhält, so bedarf es dabei keiner Pflasterung.

nämlich die Mündungen der Bohrlöcher vom Wasserzuge entfernt bleiben. Wenn die Sohle eines Abzuges nicht fest genug wäre, um den Wasserlauf auszuhalten, so würden für die durchbohrte Basis, gemeine Hohlziegel gute Dienste leisten.

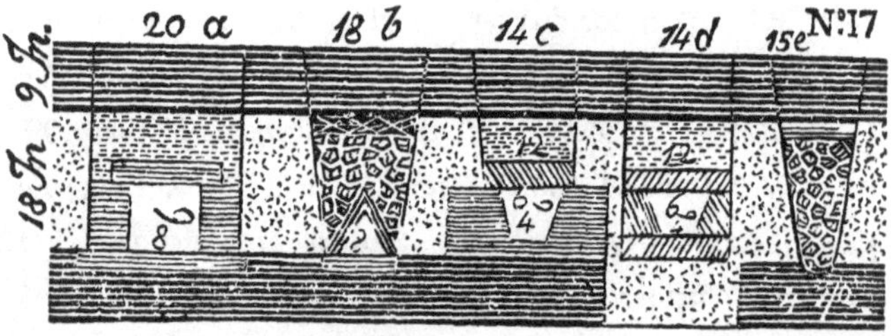

In Devonshire, wo dünne platte Steine, und rauhe Kiesel gleich häufig sind, ist es gewöhnlich, die erstern triangulair auf den Boden des Grabens zu setzen (wie in b) und diesen dann mit den letztern oberhalb aufzufüllen: wodurch man mit mäßigen Unkosten einen Abzug bildet, welcher gleich passend für solche Wasser, die an der Basis aufsteigen, und für solche ist, welche sich aus dem Unterboden sammeln. Sie sind weit dauerhafter, und weniger kostbar, als die gewöhnlichen viereckigen Abzüge, welche aus zwei auf die Kante gesetzten Seitensteinen, und einem breiten platten Decksteine bestehen, welches, verglichen mit dem triangulairen Abzuge, nur eine gebrechliche Anlage giebt.

Auch aus gemeinen Ziegeln (Backsteinen) kann man hohle Abzüge machen, allein im allgemeinen nur mit großen Unkosten. Dies hat zu der Erfindung von Ableitungsziegeln, — in mancherlei Formen, — geführt. Sie können in einer Gegend wo Klay häufig, und Steine selten sind, mit Vortheil angewandt werden. An Orten wo keine Ziegelbrennereien sind welche jene Gattung liefern, und wo die Länge der erforderlichen Graben nicht groß ist, würde eine Pflasterung mit gemeinen flachen Ziegeln (Bieberschwänzen), und darüber hin eine Reihe von gemeinen Hohlziegeln (Farststeinen), einen wirksamen Kanal für beinahe jeden Zweck von unmittelbar ableitenden Abzügen, bilden. Wo Wasser von einem Unterboden gesammelt werden soll, der, obgleich er einsaugend ist, doch die überflüssige Feuchtigkeit schwer von sich laßt, und wo es an Steinen mangelt, da wird eine dicke Bedeckung mit reinem groben Kies oder einem sonstigen harten und offenen Stoff, die bei jeder Art von Hohlabzügen zu empfehlen ist, nützlich gefunden werden.

Hohle Erdabzüge. Wo eine Basis von festem Klay, oder strengem Lehm, unter einem einsaugenden Unterboden (wie im 2ten, 7ten und 10ten Fall) in einer bequemen Tiefe liegt, als 20 bis 30 Zoll unter der Oberfläche: können wirksame Abzüge in der Basis ausgestochen und aus bloßer Erde, selbst da wo Steine oder Ziegel ohne Schwierigkeit zu haben sind, mit verhältnißmaßig geringen Kosten angelegt werden. Man kann sie wirksam anwenden, sowohl um Wasser vom Unterboden zu sammeln, als auch, um steigendes Wasser durch Bohrlöcher die in ihrer Sohle angebracht werden, aufzunehmen.

Die Form dieser Abzüge erhellt aus (c) in obiger Figur. Wenn man sie anlegt, so wird ein breiter Graben durch den Boden und Unterboden (sofern ein solcher statt findet) hineingesenkt, und in der Basis wird eine engere Rinne so angebracht, daß man an jeder Seite derselben, eine flache, gleiche Schulter, oder Rand stehen läßt. Auf diese Schultern legt man als eine Decke den umgekehrten Rasen, der entweder auf dem obern Ende des Grabens abgestochen, oder gesammelt worden ist, indem man auf altem Graslande Oberfläche-Graben zog, und der fünf bis sechs Zoll dick seyn muß, über die Rinne, und darauf wirft man die aus dem Einschnitt ausgegrabene Erde zurück.

Das Weitenmaaß eines Abzuges dieser Art möchte folgendes seyn: der Boden des Einschnitts sey zehn oder zwölf Zoll breit, — das obere Ende der Rinne fünf oder sechs Zoll, nach dem unteren zu werde sie um drei bis vier Zoll enger. — Die Tiefe derselben sey fünf oder sechs Zoll. So wie der Rasen abstirbt, so schält sich die Mitte der Decke herunter, und es entsteht ein gewölbtes Dach für den Abzug, welcher dadurch eine ovale Form erhält *).

Wenn bei der Anlage eines Abzuges dieser Art, der Boden desselben eine Schichte oder Ader lockerer Erde durchschneidet oder berührt, so wie z. B. die Schichte worin das Wasser vorzüglich sich aufhält, so ist es nöthig, die Rohre, oder den wirksamen Theil des Abzuges mit Rasen einzufassen, um zu verhüten, daß nicht die Seiten einstürzen, und dadurch der Lauf gestopft werde. Bei Ausführung dieses schwierigen Theiles der Arbeit muß

*) Da wo die Oberfläche mit zähen dicken Schwarten bedeckt ist, oder wo man Rasen der erforderlichen Art leicht sammeln kann; da mache man den Einschnitt ohne Schultern, und lasse große Rasen mit der Grasseite nach inwendig in einem spitz zugehenden Einschnitt so eintreten oder einrammen, daß darunter eine hinreichende Röhre bleibt, um Wasser zu leiten. Dies ist eine leichte, und in manchen Fällen zweckmäßige Methode.

muß der weitere (obere) Einschnitt, bis nach der Sohle des Abzuges hin, fortgesetzt werden, und wenn auch dieser Sohle eine Verstärkung nöthig ist, so muß man ihn noch einige Zoll tiefer senken, um ihn mit Rasen zu pflastern. Auf diesem zehn oder zwölf Zoll breiten Pflaster setze man zwei Reihen von gestochenen Rasen auf die Kante, etwas auswärts gelehnt, — damit die Form einer Rinne erreicht werde, — und bevestige sie auf ihren Plätzen durch die Bedeckung mit Rasen (siehe d). Die Fugen an jeder Seite lasse man hinlänglich offen, um dem Wasser zn gestatten, frei in den Einschnittslauf oder die Abzugsröhre einzusintern, und bringe sie dicht genug zusammen, um allen gröbern Stoffen den Eingang zu verwehren.

Mole (Maulwurfs)- Abzüge. Man hat neuerlich ein Instrument erfunden, um kleine Röhrgraben, einen Fuß oder tiefer unter der Oberfläche zu machen, vermittelst eines dicken eisernen Stachels, Spitze oder Bolzens, der in horizontaler Richtung in jener Tiefe gezogen wird.

Für solche kalte, aufhaltende Grasländereien, welche zu flach und schwappig liegen, um sich zeitig ihrer Oberfläche-Wasser entledigen zu können, und welche frei von Steinen sind, wird man sie vermuthlich allgemein nützlich finden, doch vorzüglich, meiner Meinung nach, für feuchte Schaafweiden. Die Erfindung ist verdienstlich, und die Bauart bewundernswürdig einfach. Die große Anstrengung und das Gewicht des, um das Instrument in Gang zu bringen, erforderlichen Zuges, scheint mir, so viel als ich davon gesehen habe, der Haupteinwurf gegen dessen Gebrauch zu seyn [52]).

Gefüllte Abzüge. Diese bestehen in Einschnitten, welche theilweise mit Steinen, Holzreisig oder andern rauhen offenen Stoffen angefüllt sind, um den unterirdischen Wassern den Durchzug zu gestatten, und deren Obertheil man mit der ausgegrabenen Erde zuschüttet, wodurch also in der That ein künstlicher Unterboden, welcher einsaugend und offen ist, gebildet wird.

Die ersten Abzüge dieser Art wurden wahrscheinlich mit drei Stangen gemacht, die man triangulair auf den Boden des Einschnitts streckte. Späterhin hat man Holzreisig, Baumäste und Stämme aus Hecken angewandt, indem man die stärkeren Zweigs unten, und die dünnern obenauf brachte. Allein in neuern Zeiten hat man an deren Stelle beinahe in jeder Gegend wo Abzüge seit langer Zeit im Gange waren, und man harte

52) Dieser Einwurf ist in eben dem Jahre als der Verfasser das Werk herausgab (1806) durch die Erfindung des Mr. Lambert, zu Stow unweit Glocester., vollkommen beseitiget. Mr. Lambert hat nämlich einen einfachen Mechanismus erfunden und im westlichen England mit Erfolg angewandt, vermöge dessen durch acht Weiber (welche Winden umdrehen), vollkommen die nämliche Wirkung erreicht wird, wozu vorhin acht oder zehn starke Pferde erforderlich gewesen seyn würden. So einfach und anwendbar für verschiedene Zwecke indeß jener Mechanismus (dessen bildliche Darstellung für die Folge vorbehalten bleibt) ist, so eignet sich doch dessen Anschaffung nur für Unternehmungen im großen Maaßstabe.

Stoffe herbeischaffen konnte, Steine oder andere harte Materialien angewandt.

Holzreisig-Abzüge. Wo das nachtheilbringende Wasser im Unterboden seinen Sitz hat und dieser auf einer festen Basis ruht, da kann man Holz mit bleibendem Erfolg anwenden. Denn wenn der Theil des Einschnittes, welcher als Abzug wirkt, aus der festen Unterschichte gehoben wird, und man das Strauchholz mit Stroh oder mit Binsen weich bedeckt, dann aber die festen Klöße welche aus dem Einschnitt gehoben sind, auf diese weiche Decke legt, so wird eine regelmäßige gewölbte Röhre entstehn. Sobald späterhin das Holz verrottet, wird ein hohler Erdabzug vorhanden seyn, ähnlich dem in c beschriebenen. Doch warum wollte man nicht in einem solchen Fall einen dergleichen Abzug, — und zwar auf eine bessere Art, — sogleich anlegen und dadurch viele Weitläuftigkeit und Kosten ersparen, auch die Verwendung von Reisig und Stroh vermeiden?

Wo das Wasser in einer lockern und tiefen Schichte liegt, so daß der wirkende Theil des Abzuges nothwendigerweise im lockern Grunde angelegt werden muß, da ist Strauchholz ein schlechtes Material, und die Wirkungen, die es hervorbringt, sind von kurzer Dauer. Denn so wie es verrottet und einen engern Raum einnimmt, stürzen die Seiten des Einschnittes zusammen, nach dem Verlauf einiger Jahre wird der Abzug verstopft, wodurch das Land vielleicht schlechter gemacht wird, als es war, ehe man die Anlage der Abzüge unternahm. Dagegen kann unter ähnlichen Voraussetzungen ein gehörig angelegter Abzug, der hinreichend mit harten Stoffen ausgefüllt ist, die dem Verrotten und Zusammenfallen nicht ausgesetzt sind, sondern welche, wenn sie einmal auf einer festen Grundlage angebracht worden, die Seiten des Einschnittes aufhalten und durch die Zeit keine Veränderung erleiden, für immerwährend gehalten werden; nichts als Vernachlässigung oder Zufall kann solche Abzüge hindern, den Boden von der überflüssigen Feuchtigkeit zu befreien.

Die harten Stoffe, deren man sich am häufigsten bedient, sind Kiesel und andere kleine Steine, vom gepflügten Acker aufgelesen, in Flußbetten gesammelt u. s. w. Den Abfall von Steinbrüchen und große Steine in Stücke gebrochen kann man eben so wohl anwenden, — und wenn man die anscheinend unvollkommenen Kanäle ansieht, worin man in der Natur das Wasser cirkulirend findet, so kann man kaum daran zweifeln, daß rauher, wohl gesiebter Kies (Grand), den man gehörig in die Einschnitte einscharret, in der Art daß die gröberen Körner auf den Boden kommen, hinreichend wirksam seyn wird. In tiefen klayigen Gegenden, wo man nur mit Schwierigkeit Steine herbeischaffen kann, würde der Abfall von Ziegelöfen, oder getrocknete Klayklumpen, die hinlänglich durchgebrannt sind, um durch Nässe nicht wieder aufweichen zu können, meinem Dafürhalten gemäß (nämlich in den Fällen, wo die Seiten der Einschnitte zu weich sind, um ohne Gegenhalt feststehen zu können), der empfehlungswertheste Stoff seyn; wenn gleich in einer solchen Gegend, wo gewöhnlich zähe, zusammenhängende Schwarten häufig sind, der hohle Rasenabzug, so wie er in d dargestellt worden, der wohlfeilste seyn wird.

Die Form des Einschnitts für den gefüllten Abzug ergiebt sich aus e.

Das Weitenmaaß desselben wechselt nach Maaßgabe der erforderlichen Tiefe und der Quantität von Materialien, die man anzuwenden gesonnen ist. obere Weite richte man so ein, daß sie halb so iel als die erforderliche Tiefe betrage. Folglich ist ein Einschnitt, welcher dreißig Zoll tief gegraben werden muß, in einer Weite von funfzehn bis achtzehn Zoll anzufangen, damit die Arbeiter Raum behalten, wenn sie den tiefern Theil ausstechen. Die Breite am Boden richtet sich nach der Menge oder dem Mangel an Materialien. In gewöhnlichen Fällen kann man vier bis fünf Zoll als die zweckmäßigste Breite betrachten. Wo die Materialien selten sind, mag auch eine geringere Breite als die von vier, und wo sie in Menge sind, da kann eine größere als fünf Zoll angenommen werden. Denn es ist zu bemerken, daß ungeachtet aller Vorsicht, etwas Erde zwischen den Materialien durchgleiten und auf den Boden des Einschnittes sich setzen wird, wo sie, da darin kein freier Wasserlauf statt findet, wie in Hohlabzügen, liegen bleibt; je mehr Raum sie nun da findet, desto weniger Nachtheil wird davon für den Abzug entstehen. Wenn inzwischen der Einschnitt bis einige Zoll unter den Sitz des Wassers gesenkt würde (wie es immer der Fall seyn sollte, wenn die Umstände es gestatten), so möchte dadurch jeder zu besorgende Nachtheil solcher Art vermieden werden.

Wenn die Grundlage für die füllenden Materialien (nämlich der Boden oder die Sohle des Einschnittes) nicht fest genug ist, um ihr Gewicht zu tragen, und ihr Einsinken in die unten befindliche Quebbe zu verhüten, so muß sie durch ein Bett von Heide oder von Strauchholz, oder durch eine Pflasterung mit zähem dicken Rasen, (in der oben angegebenen Art) verstärkt werden, um zu verhindern, daß die Quebbe nicht durch die Materialien heraufsteige und den Abzug verstocke.

Die Tiefe für die Materialien muß nach den jedesmaligen Umständen eingerichtet werden. Wenn ein bloßer Leiter erforderlich ist oder eine künstliche Ader, um von einer natürlichen, die durch einen Triebsand, oder eine Landquelle bespeiset wird, Wasser aufzufangen, so ist die Tiefe von zehn oder zwölf Zoll hinreichend. Allein wenn die Absicht des Abzuges nicht bloß darin besteht, einen klaren Strom von Wasser abzuleiten, sondern auch, solches vom Unterboden aufzusammeln, wie in den Fällen 2, 7 2c. so muß die Tiefe der einsaugenden Materialien größer seyn, nämlich funfzehn bis achtzehn Zoll, nach Maaßgabe der Tiefe des Abzuges und der Beschaffenheit der Schichte, worin er angebracht wird. Wo der Unterboden hinreichend einsaugend ist, um Regenwasser aufzunehmen, ohne offen genug zu seyn, um es auch frei zu entlassen, oder wo das Wasser in Adern von verschiedener Tiefe cirkulirt, da müssen die einsaugenden Materialien des Abzuges bis nahe an den Boden oder bis einen Fuß von der Oberfläche heraufgehn: wodurch eine hinreichende Tiefe, nicht allein für die Arbeiten des Pfluges, sondern auch für das Treten des in der Furche gehenden Zugviehes eingeräumt wird.

Doch ist zu bemerken, daß wo rauhe Stoffe selten sind, reiner Kies aber in Menge zu haben ist, man diesen anwenden möge, um das Wasser zu sammeln, und es den offenern Materialien unten zuzuführen.

Es muß irgend eine Art von Bedeckung über die füllenden Materialien gelegt werden, besonders wenn sie von einer rauhen offenen Gattung sind, um zu verhüten, daß nicht der erdige Stoff, womit der obere Theil des Einschnittes beschüttet werden muß, während dessen, daß solcher sich noch in einem lockern porösen Zustande befindet, in den wirksamen Theil des Abzuges hinuntergewaschen wird. Heide, Binsen, Stroh oder feste Erdklöße (in so fern dergleichen bei Grabung des Einschnittes zum Vorschein kommen), können zu diesem Zwecke gebraucht werden.

Auf diese Bedeckung muß man den lockersten, schlechtesten Theil der ausgegrabenen Erde legen, und das Beste des Bodens zurückbehalten zur Wiederausfüllung der Stelle auf der Oberfläche; wobei man aus Rücksicht auf das nachher erfolgende Setzen des Bodens diese Stelle einige Zoll über die Ebene des Feldes aufzurunden hat; dann streue man den Überschuß, wenn er nicht etwa von sehr nachtheiligen Eigenschaften seyn sollte, dünn über das zu verbessernde Feld hin.

Daher ist es, wenn man eines Einschnitt gräbt, angemessen, das was herauskömmt, nach Maaßgabe der Beschaffenheit abzuscheiden, den besten Boden in einer Reihe, auf einer Seite, die Unterschichten in Haufen auf die andere zu legen, und diese, falls sie von verschiedener Qualität wären, nach Maaßgabe der Zwecke, wozu sie brauchbar sind, zu sondern. Ohne Anwendung dieser Vorsicht darf kein Grabenarbeiter behaupten, sein Werk mit Genauigkeit zu verrichten.

Die Werkzeuge des Grabenarbeiters weichen in einigen Stücken von den gewöhnlichen Wirthschaftsinstrumenten ab.

Ein Rasenmesser (Stecher) welches jeder Landwirth haben sollte, ist anwendbar bei Aussteckung der Einschnitte: indem es der Arbeiter vorlängst einer Leine fünf oder sechs Zoll tief eintritt, zu welchem Zweck es für ihn weit fördernder und bequemer als der Spaten ist. Die Länge des Eisens ist zwölf bis funfzehn Zoll, die des Griffes vom Oberende des Eisens abgerechnet, etwa drei Fuß. Es ist in der folgenden Abbildung Figur 1. dargestellt.

Neben dem gemeinen Spaten, dessen man sich bedient, um den obern Theil des Einschnittes zu machen, ist ein schmaler Spaten (oder zwei von verschiedener Weite) erforderlich, um die tiefern Theile auszustechen. Der welchen man dazu gebraucht, um die niedrigste Strecke herauszuarbeiten, muß an der Spitze etwas schmaler seyn, als die beabsichtigte Breite der Sohle des Abzuges, wie z. B. in dem Verhältniß von drei zu $4\frac{1}{2}$ Zoll, und sich nach dem Oberende des Eisens bis auf sechs oder acht Zoll verbreiten. Das Eisen muß etwa zehn Zoll lang seyn, und vorne einen Tritt haben, worauf bei der Arbeit des Grabens der Absatz gesetzt werden kann.

Zuletzt wird noch, um die lockern Bruchstücke oder

die Krume, welche der Spaten nachgelassen hat, herauszubringen, und den Boden des Einschnittes zu glatten, eine schmale Schaufel oder Schüppe gebraucht. Die Breite derselben muß im Verhältniß mit der Breite vom Boden des Einschnittes stehen und beinahe der Breite der Spitze des Spatens gleich seyn, womit man jene hervorgebracht hat. Die Länge des Eisens dieser Schüppe oder der Mündung derselben lasse man zehn oder zwölf Zoll seyn, und versehe solche mit einem gebogenen Halse und einer Dille oder Öhr. Diese Dille wird entweder in einem stumpfen Winkel gegen den wirkenden Theil der Schüppe (Siehe Figur 2) angebracht, um einen langen etwas gekrümmten Griff aufzunehmen, und den Gebrauch als Schaufel zu bewerkstelligen: oder der Anfang der Dille ist etwas oberhalb des Schüppeneisens dergestalt gebogen, daß es damit einen spitzen Winkel bildet, (Siehe Figur 3) in welchem Falle es einen kürzern Griff erhält, um in der Art, wie eine Hacke gebraucht werden zu können.

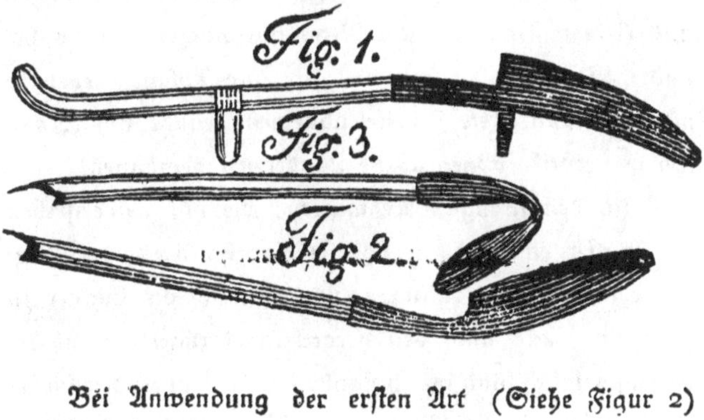

Bei Anwendung der ersten Art (Siehe Figur 2) welche das wirksamere Instrument ist, um der Sohle des

Einschnittes, Ebenheit, Festigkeit und Vollendung zu geben, steht der Arbeitsmann an der Seite des Abzuges und arbeitet vorwärts, (indem er den Griff zu seiner Erleichterung etwas seitwärts biegt); mit der letztern dagegen (Fig. 3) arbeitet er rückwärts. In verschiedenen Theilen des Königreichs werden diese zwei verschiedenen Methoden, eine und die nämliche Arbeit zu verrichten, angewandt.

Endlich müssen noch die Feinde der verdeckten Abzüge angeführt werden. Maulwürfe sind ihre gefährlichsten Feinde, und besonders wohl da, wo die wirksamen Theile sich bis nahe an die Oberfläche erheben. Diese natürlichen Abgraber des Bodens (und nützliche Arbeiter in kalten Grasländereien) haben das Bedürfniß von Ausläufen für ihre Abzüge, um das Regenwasser, welches der Boden ihren Zügen mittheilt, zu entlassen; sie würden sonst Gefahr laufen, in ihren eigenen Werken ersäuft, oder in feuchter Jahreszeit daraus vertrieben zu werden. Aus diesem Grunde werden wir gewahr, daß die Seiten von offenen Graben, Ableitungen und kleinen Bächen, mit Maulwurfslöchern durchbohrt sind. Verdeckte Abzüge sind für ihre Absichten eben so günstig, und ohne Zweifel allgemein benutzt wo Maulwürfe verdeckt abgegrabene Ländereien bewohnen.

In den strengern Lehmarten, die mit Widerstreben die Wasser entlassen, welche sie einnehmen, ist der Nuzzen der Maulwurfsgänge, um nämlich die Wasser zu sammeln, und nach den verdeckten Abzügen zu führen, augenscheinlich und im Zustande des fortdauernden Graswuchses, worin der Boden ungestört bleibt, findet keine

Gegenwirkung statt, um den günstigen Erfolg zu vereiteln. Dagegen kann im Zustande der Beackerung ein wesentliches Übel aus den Arbeiten der Maulwürfe entstehen, nicht so sehr dadurch, daß sie damit die Abzüge verfüllen, als vielmehr indem sie bei heftigen Regengüssen trübes Wasser hereinlassen. Dies erfolgt besonders da wo es sich trift, daß ein Auslauf dieser Art vom Pflugschaar durchschnitten wird, und in der letzten Furche zwischen zwei Beeten offen bleibt; vorzüglich aber dann, wenn es eine Zwischenfurche in mit Wintersaat bestelltem Lande ist, weil in diesem Falle die moderigen Wasser von den Regengüssen eines ganzen Jahres in den Abzug geleitet werden, und einen gefüllten Abzug während der gedachten Zeit verschlämmen können.

Man hat zwei Methoden um diesem Übel zuvorzukommen. Die eine besteht in Ausrottung der Maulwürfe, und die andre in Ausfüllung der Löcher in den Zwischenfurchen, unmittelbar nachdem das Getreide eingesäet worden: eine leichte Arbeit. Das Hülfsmittel für den Fall, wenn das Übel eingetreten ist, besteht darin, den Abzug in der Gegend, wo er gelitten hat, zu öffnen, die Materialien von den angesetzten Erdtheilen zu säubern und sie zurück in den Einschnitt zu legen: eine Unternehmung die nicht mit bedeutender Mühe verknüpft ist.

Feldmäuse sind für gefüllte Abzüge nachtheilig. Sie greifen solche nicht bloß auf eben die Weise an, wie die Maulwürfe, sondern wählen, wie ich dafür halte, ihren Wohnsitz zwischen den rauhen offenen Materialien. Auf einer Parcele Grasland bin ich im Stande gewesen, den Gang eines verdeckten Abzuges nach den unzähligen Hölungen und sonstigen Spuren dieser kleinen Thiere zu bezeichnen.

Die Wurzeln der Bäume, und anderer tiefwurzelnder Pflanzen sind ebenfalls Feinde der Abzüge. Die Weide ist solch ein wohlbekannter Feind; auch die Esche wird für sehr nachtheilig gehalten, und unlängst hatte ich Gelegenheit den außerordentlichen Instinkt der Ulme zu beobachten, nach Zügen laufenden Wassers zu forschen und davon Besitz zu nehmen; es hatte sich nämlich in eine thönerne Röhre von zwei oder drei Zoll Durchmesser, eine Wurzelfaser, wahrscheinlich so dünn wie ein Haar hineingedrängt, doch in kurzer Zeit die Röhre mit einem Busch von Fasern (in der Art wie die Ruthe eines Fuchses, nur stärker) dergestallt ausgefüllt, daß sie den Durchgang des Wassers hemmte. Daher muß man bei der Anlage von Abzügen die Nähe der Bäume (die tief wurzelnde Eiche vielleicht ausgenommen) vermeiden, oder sie, wenn sich welche dort befinden, wegschaffen.

Berichtigungen:

Seite 5 Anmerk. 2) Zeile 1 — für „32" setze: 63.
— 7 — *) — 3 — nach „verkauft sind" schalte ein: wonach derselbe befugt ist.
— 8 Zeile 14 — streiche „zu".
— 9 Anmerk. 5) Zeile 9 — für „colonoria" setze: colonaria.
— 14 Zeile 1 (v. unt) für „dazu" setze: zu jener Ausmittelung.
— 18 — 17 — für „eines ꝛc Ansehens zu kennen" setze: nach ihrem ꝛc. Ansehen zu erkennen.
— 19 Anmerk. 9 Zeile 5 (v. unten) streiche: „und 16".
— 20 — — — 3 — — für Weitzen, ꝛc. setze: Weitzen„ Gersten".
— 22 Zeile 2 (v. unten) für: „abträgige" setze: abhängige.
— 26 — 9 — für „Provincialist" setze: Provinzialist.
— 27 — 14 — für „deren" setze: ihren.
— 38 — 17 — vor „Mühlen" streiche: zu.
— 39 — 2 (v. unten) für „wüste" setze: weide.
— 49 — 10 — für „benutztem" setze: benutzten.
— 54 — 4 — für „Dessen" setze: Seine.
— 69 — 6 — statt des „;" setze: —
— 72 — 6 — für „welches" setze: welcher.
— 75 — 12 — streiche: welcher.
— 77 — 13 — für „sey," setze: sei,.
— 81 — 5 u. 6 des zweiten Absatzes — für „kann" setze: wird.
— — — 4 (v. unten) für „zusammen" setze: zugleich.
— 85 Anmerk. *) am Schluß füge hinzu: Anmerk. des Verfassers.
— 93 Zeile 9 — für „und" setze: aber.
— 95 Anmerk. 31) Zeile 3 — für „*g*" setze: *f*.
— 98 Zeile 11 für „Ausdehnung" setze: nutzbarer Fläche.
— 100 — 10 — für „viel" setze: viele.
— 108 — 16 — für „mit langs. Schritten" setze: langsam.
— 114 — 4 — für „verlängst" setze: vorlängst.
— 118 — 11 (v. unten) für „seine" setze: die damit veranstalteten.
— 122 — 13 — für „der" setze: zur
— — Anmerk. *) am Schluß füge hinzu: Anm. des Verfassers.
— 125 Zeile 3 (v. unten) vor „in" schalte ein: indem.
— 126 — 10 — für „fließenden Strom" setze: strömenden Ausfluß.
— 129 Anmerk. *) Zeile 3 für „den" setze: dem.
— 132 Zeile 9 — für „scheint mir" setze: ist.
— 158 — 9 (v. unten) für „Unkosten" setze: Kosten.

Nach der Tabelle A. des zweiten Bandes
nellen Landwirthschaft (S. 142 gegenüb
mit den beigefügten Werthsgradationen

No.	Systematische Benennung.	Gewöhnliche märk Bonitirungsbenennung.
1	Humoser Thonboden	Weitzenboden 1tr Kla
2	Humoser strenger Boden	desgleichen
3	desgleichen	desgleichen
4	Reicher Mergelboden	desgleichen
5	Humoser loser Boden	Wiesen oder Auebod
6	Humoser Sandboden	Gerstenboden 1tr Kla
7	Reicher Thonboden .	Weitzenboden 1tr Kla
8	Mergelboden . . .	Weitzenboden 2tr Kla
9	Thonboden . . .	desgleichen
10	Lehmboden . . .	desgleichen
11	desgleichen	desgleichen
12	desgleichen	Gerstenboden 1tr Kla
13	desgleichen	Gerstenboden 2tr Kla
14	Sandiger Lehmboden	desgleichen
15	desgleichen	Haferboden 1tr Klasse
16	Lehmiger Sandboden	desgleichen 2tr Kla
17	desgleichen	Roggenboden . .
18	Sandboden . . .	desgleichen
19	desgleichen	6jähriger Roggenbod
20	desgleichen	9jähriger Roggenbod

Grundsätzen der ratio- …nde Bodenmengungen					Nach den Grundsätze… anschlagungsinstruc… gattungen das danel…	
…ehalt.		Werthsverhält.				
…rk an	an Humus.	nach d. Tab. A.	nach S. 582 d. Annalen. Höchster Satz.	nach S. 582 d. Annalen. Niedrigster Satz.	Litera der Anmerk. 9 S. 19.	Benennung der… dengattunge…
4½	11½	100	100	—	a.	Schwarze Damm…
4	8⅖	98	—	—	b.	Schwarzer Lehm, in Thon (Klay… herrscht
4	6½	96	—	—		
…36	4	90	—	—	c.	Grauer Lehm .
…10	27	?	—	—		Niederungswiese…
3	10	78	80	—	d.	Graue Dammerd…
2	4	77	—	80	e.	Brauner mit Da… gemischter Lehm
…12	2	75	80	—		. .
	2	70	—	—	f.	Rother und gelbe… (Klay) . . .
	2	65	—	—	g.	Schwarzer Gra… (Mittelbode…
	2	60	—	57	h.	Brauner tiefer, wegen kalter Un… sprokkiger Lehm…
	2	60	—	65	i.	Grauer Grand . .
	2	50	65	—	k.	Leichter lehmiger boden . . .
	2	40	—	45		
	1½	30	30	20	l.	Lehmiger Sandl… . .
						Schluf un…
	1½	20	20	14	p.	Kieshaltiger Sand. Weißgrauer Le…
	1	15	14	—	m. o.	Torfboden .
	1	10	—	10	m.	Dreijähriges R… land . . .
	¾	5	8	—	—	Sechsjähriges R…
	½	2	—	1	n.	Neunjähriges R…

Sie enthalten unbedeutenden Kalkantheil, welcher den andern Erdarten verhält…

…n der preußischen Domainen-Ver- …tion findet bei folgenden Boden- …ben gesetzte Werthsverhältniß statt:					Übereinstim… lische Be… aus den, … nung des Agricultur… Übersichten
…r Bo- …en.	Klasse.	Werthsverhältniß: mittleres.	höchster Satz.	niedrigst. Satz.	
…erde		—	100	—	Hazelmoul…
…, wor- …) vor-		—	—	—	Fertile cla… strong loa…
. .	Erste	93	—	—	Deep stro… stone lan…
…boden		—	300	—	Deep rich…
…e . . …nmerde (Klay)		—	—	—	Dry gravel…
•		—	—	75	Rich brow…
…r Lehm					
. .		—	70	—	Red soft a… clay .
…nd . …en)	Zweite	— 63	—	—	Gravelly l…
doch …terlage		—	—	—	Wet loam…
. .			—	56	Sandy loa…
Grand- . .	Dritte	43	50	—	Light sand…
…boden •		—	—	30	Sand .
…nd		—	29	—	Cledge .
…tten .		—	—	20	Cold weak…
. .	Vierte	27	—	15	Black peat…
…oggen- . .		10	—	—	Sandy Gra…
…oggenl.		5	—	—	Black san…
…oggenl.		$3\frac{1}{3}$	—	—	yellow sil…

…here Schil- …ungen fin- …sich in der …rliegenden …ersetzung:		Beispiele aus den S. 19 erwähnten Uebersichten, imgleichen aus den Marshallschen Schriften, und Erläuterungen:
…	Anmerkung.	
98	33	Boy's Agriculture of Kent, pag. 15, 21.
95	31 am Schluß	Bailey's Agricult. of Cumberland, pag. 199.
98	33	Boy's Agr. of Kent, p. 19: Hassok. Marshall's Glocestershire, Vol. II. p. 7. Auf den Cotswoldhügeln: strong calcareous loam.
—	—	ib. pag. 96: In the vale of Berkeley appears a native unctuousness of soil.
97	32	Bayley's Agr. of Westmoreland, pag. 296.
98	33	ib. pag. 200; ferner Marshall's southern counties, Vol. II. p. 392: clayey dark brown loam.
95 107	31 40	Man vergleiche die Anmerk. 49 S. 137. M's. Glocestershire, I. p. 66: red loam. Ferner: Boy's Agr. of Kent, p. 15, 16.
97	32 am Schluß	ib. p. 144 (in der dazu gehörigen Tabelle).
82 111 117 137	26 a 42 44 50	Bailey's Agr. of Cumberland, pag. 200. Ferner: Marshall's southern Counties, Vol. I. p. 342. In the weald of Kent: a pale adhesive clay with a retentive base, neigt sich zur Gattung *p*.
99	34 im Eing	
75 99 102 111 103 108	25 34 37 42) 38 41	Boy's A. of Kent, pag. 15: Cledge. Man vergleiche die Anmerk. 26a, 50 am Schluß und besonders Anm. 51, wegen des Überganges von der Gattung *p* zu *m* *).
 129 138	47 51 am Schluß	Marshall's Yorkshire, II. pag. 277: black moor. Ferner: Bayley's Agric. of Northumberland, pag 4.
99	34	Boy's Kent, p. 144 (s. die Tab. das.).
101	36	— — — 21; imgl. Henry's
99	35	Chemistry, pag. 398.

*) *m* wird im regulairen Dünger, wie die mittlere Gattung von *p* und *o*, zum Ertrage der 4ten Klasse, andernfalls aber als dreijähriges Land abgeschätzt.

Tabellarische Zusammenstellung

der verschiedenen Benennungen welche in Rücksicht auf Klassificirung des Bodens, in Thaer's Grundsätzen der rationellen Landwirthschaft, in dessen Annalen der Landwirthschaft, in der preußischen Veranschlagungsinstruction, und in englischen landwirthschaftlichen Schriften vorkommen.

FSC
www.fsc.org
MIX
Papier | Fördert
gute Waldnutzung
FSC® C083411

Kolibri 360 GmbH
Ferdinand-Jühlke-Straße 7
99095 Erfurt, Deutschland
produktsicherheit@kolibri360.de